I0620140

Fracasos épicos de la historia antigua

Errores divertidísimos y meteduras de pata desconcertantes que dieron forma a las civilizaciones

Índice de contenidos

Introducción

Conocer la historia de los antepasados y ser testigo de todos los descubrimientos, innovaciones, obras de arte y conocimientos que dejaron es sobrecogedor. Saber que lograron todo con la escasa tecnología y los recursos limitados de la época hace pensar en lo poderosos, creativos y capaces que pueden llegar a ser los seres humanos. Resulta comprensible que también cometieran errores y que parte de la grandeza que aún se conserva, ya sea en forma de monumentos, artefactos o información, pueda ser producto de un fracaso épico.

Es fascinante ver la grandeza del pasado y los relatos y acontecimientos de los templos, objetos y escrituras históricos. Saber que se camina por los mismos pasillos por los que una vez deambuló uno de los reyes más populares de la historia, adentrarse en los triunfos de civilizaciones milenarias y leer relatos que la gente inventó para comprender mejor el mundo que les rodeaba son experiencias surrealistas. Lo que es aún más asombroso es darse cuenta de que las peculiaridades e imperfecciones de la naturaleza humana están anidadas dentro de toda esta brillantez.

Este libro le enseñará los pasos en falso, los fracasos y los errores de las grandes figuras de la historia. No se trata de menospreciar a estas leyendas, sino de darle un toque humano a sus experiencias. Además, muestra su persistencia para alcanzar la grandeza a pesar de sus fracasos, lo que es inspirador. No sólo se sentirá motivado, sino también más conectado con el pasado. En cierto modo, podrá relacionarse con seres humanos que probablemente le parecen extraordinarios.

Este libro, a diferencia de otras lecturas históricas, pretende desmitificar el pasado. No expone los logros insuperables de la historia, sino que toma un desvío inesperado y fresco de los argumentos previstos. A menos que esté familiarizado con los incidentes que se exploran en este libro, nunca podrá adivinar qué ocurre a continuación. Este elemento de sorpresa e imprevisibilidad lo diferencia de otros libros similares del mercado. En otras palabras, no hace falta ser un entusiasta de la historia para disfrutar de esta lectura, e incluso si usted es un ávido lector de historia, es probable que encuentre al menos unos cuantos sucesos que desconocía.

A medida que vaya hojeando las páginas, se sentirá más intrigado por los relatos plagados de errores, desde los peculiares percances arquitectónicos del antiguo Egipto hasta la búsqueda de la inmortalidad por parte del emperador chino. También encontrará preguntas al final del capítulo que le incitarán a reflexionar sobre las causas e implicaciones de estos momentos en el tiempo.

Capítulo 1: Tropiezos de la Edad de Piedra

Este capítulo inicial, basado en acontecimientos de hace miles de años, pretende trasladar al lector a los primeros tiempos de la civilización humana, desenterrando las rarezas y meteduras de pata que caracterizaron a nuestros antepasados de la Edad de Piedra. Empezando por el desconcertante caso de Otzi, el hombre de hielo, cuya imprevista desaparición tuvo lugar en los Alpes, las historias del capítulo ofrecen un tesoro de errores y lecciones de supervivencia y conflicto. A continuación, cambiando el foco de atención a la cueva de Lascaux, en Francia, el relato subsiguiente examina las amenazas inadvertidas planteadas por intervenciones modernas que pusieron en peligro obras de arte antiguas. Por último, la narración final se sumerge en el intrigante descubrimiento de Homo floresiensis, cariñosamente llamado «el hobbit», subrayando las interpretaciones erróneas iniciales y los misterios que rodean a esta especie única.

Otzi, el hombre de hielo

Otzi, el hombre de hielo

El 19 de septiembre de 1991, cerca del valle de Ötztal, en Austria, una pareja alemana tropezó con lo que pensaban que eran los restos de una víctima de un accidente de montañismo. Encontraron el cadáver enterrado de cintura para abajo y boca abajo. Tras informar del cadáver al propietario del refugio de montaña de Similaun, que avisó tanto a la policía austriaca como a la italiana (ya que el cuerpo se encontró en la frontera de los dos países), los rescatadores intentaron recuperarlo. Sin embargo, al encontrarse a más de 3.000 metros sobre el nivel del mar y parcialmente enterrado en el hielo, por no hablar del impredecible clima, no fue una hazaña fácil. Tras sólo poder liberar un extraño instrumento de al lado del cuerpo, éste fue trasladado al valle mientras los restos eran cubiertos con una lámina de plástico por el propietario del refugio, Markus Pirpamer. Dos días después, dos montañistas curiosos, Reinhold Messner y Hans Kammerlander, visitaron el lugar y, al observar la ropa de cuero de los restos momificados, empezaron a sospechar que el cuerpo era mucho más antiguo de lo que se pensaba en un principio. Sin embargo, no llamaron a ningún arqueólogo y, tras excavar finalmente alrededor de los restos con picahielos y liberarlos de su prisión, el cuerpo fue transportado a Vent por un forense de Innsbruck. Mientras sacaban los restos momificados del hielo, los rescatadores también encontraron otros objetos bajo ellos, como manojos de heno, cuerdas, fragmentos de cuero, trozos de piel y un arco y una daga. Desde Vent, el cuerpo fue transportado al Instituto de Medicina Forense de Innsbruck en un sencillo ataúd de madera. Sólo entonces un experto historiador, Konrad Spindler, examinó el cuerpo y determinó que tenía más de 4.000 años. También observó que, aunque el cuerpo se conservó de forma natural en las condiciones alpinas, empezaba a descomponerse inmediatamente una vez sacado de la gran altitud. Aconsejó colocarlo en una celda fría para preservar su estado.

Investigaciones posteriores determinaron que los restos (llamados Otzi, el hombre de hielo, dada la ubicación de su descubrimiento) pertenecían a un hombre bajo, de unos 46 años, que vivió hace más de 5.000 años en la Europa neolítica. Tenía el pelo y los ojos castaños y era zurdo. Otzi procedía de una línea de agricultores que emigraron a Europa a través de Turquía hace entre 8.000 y 6.000 años. Su línea genética paterna se rastreó hasta las actuales regiones mediterráneas.

Con polainas de cuero, zapatos rellenos de hierba silvestre, dos abrigos de piel de cabra y oveja y un sombrero de piel de oso, Otzi se sentó a tomar su última comida pocas horas antes de morir. Tras un largo viaje por los Alpes de Ötztal con un carcaj de piel de ciervo, una mochila de madera y una daga de sílex, Otzi encendió un fuego con la ayuda de un receptáculo de corteza de abedul que contenía el carbón humeante envuelto en hojas de arce. Colocó su hacha de cobre a su lado y tomó una sustanciosa comida a base de cabra montés, carne de ciervo y trigo einkorn.

Otzi estaba cansado no sólo por las numerosas afecciones con las que luchaba (entre ellas, parásitos intestinales, caries, cardiopatías, enfermedad de Lyme, arteriosclerosis y problemas de espalda, rodillas, caderas y hombros), sino también porque se encontraba en un estado débil debido a la grave desnutrición, seguramente sufrida en sus últimos meses, y porque estaba gravemente herido.

Había sido apuñalado en la mano derecha, entre el primer dedo y el pulgar, días antes de su muerte, lo que, dada su condición de zurdo, demuestra claramente que intentaba defenderse de los atacantes. Desgraciadamente, antes de que la herida pudiera cicatrizar, fue alcanzado por una flecha en la parte superior del hombro izquierdo, que le seccionó una arteria principal, provocándole una hemorragia mortal. También tuvo hemorragias cerebrales y es posible que también lo golpearan en la cabeza, pero esto no se ha demostrado.

Tras pasar algún tiempo a 2.200 metros de altitud, unas 33 horas antes de su muerte, descendió a 2.000 metros para recoger polen y cazar, y entre 9 y 12 horas antes de su fallecimiento, subió hasta el lugar donde lo encontraron y probablemente se encontró con alguien que buscaba su recompensa. Con sólo dos flechas en su carcaj, que normalmente contenía 20, Otzi se vio sorprendido e incapaz de defenderse.

Dado que su muerte se produjo durante el verano, los restos de Otzi probablemente se momificaron por los vientos ligeramente más cálidos, que lo secaron eficazmente. Junto con las gélidas temperaturas que ayudaron a congelar sus órganos, el viento ayudó a preservar su cadáver, que se convirtió entonces en el cuerpo humano más estudiado del mundo, por no mencionar un testimonio de la increíble fortaleza humana cuando se enfrenta a condiciones adversas. Además, los científicos siguen desconcertados no sólo por las circunstancias de su muerte, sino también por la vida extraordinariamente dura que tuvo Otzi en los Alpes, y su descubrimiento y los errores iniciales en la manipulación de su cuerpo hacen que estudiar su vida y su muerte sea un reto aún mayor.

La historia de la cueva de Lascaux en Francia

En 1940, cerca de Montignac (Francia), cuatro adolescentes que perseguían a un perro por una estrecha entrada a una caverna se encontraron de repente ante una magnífica imagen. Aunque en un principio se vieron impulsados a seguir al perro por una leyenda local sobre un túnel secreto que prometía conducir a un tesoro, lo que encontraron superó su imaginación. Tras atravesar un estrecho pozo que descendía 15 metros, se encontraron en una cueva adornada con pinturas de animales del Paleolítico superior de entre 15.000 y 17.000 años de antigüedad. Aunque al principio temían lo que iban a encontrar, la imagen de estas pinturas antiguas que daban vida a los animales (casi como si se movieran) fascinó a los chicos, y no fueron los únicos.

En la cueva de Lascaux había dibujos de animales que cobraban vida
https://commons.wikimedia.org/wiki/File:Lascaux_painting.jpg

Después de volver a subir, los chicos hablaron con algunos de sus compañeros de clase sobre las cuevas con las pinturas (llevándolos hasta allí a cambio de un pequeño pago) e iniciaron un rumor que acabó llegando al director, Leon Laval. Laval, gran aficionado a la historia, se interesó por esta cueva. Se habló de todo, pero cuando los chicos quisieron mostrarle dónde se encontraba, al principio pensó que querían tenderle una trampa. Sin embargo, tras recorrer el mismo camino que los chicos habían hecho unos días antes, descubrió el lugar e inmediatamente supo que tenía una enorme importancia histórica. Laval declaró que, a partir de ese momento, no se permitiría a nadie bajar y mucho menos tocar las pinturas, queriendo preservarlas del vandalismo. Uno de los muchachos que descubrió la cueva aceptó hacer guardia (compromiso que mantuvo hasta su muerte en 1989).

Cuando el arqueólogo y prehistoriador francés Henri-Édouard-Prosper Breuil se enteró del descubrimiento, viajó inmediatamente al lugar. Tras investigar los casi 1.500 grabados y 600 símbolos y animales dibujados y pintados que adornaban la caverna de 16 pies de altura y 66 pies de ancho (ahora conocida como la caverna principal), los declaró de inmediato auténticamente prehistóricos. Cuando la noticia del descubrimiento de la cueva trascendió Francia y viajó por toda Europa, los propietarios de los terrenos de la cueva empezaron a organizar visitas diarias en 1948, abriendo la gruta a miles de visitantes anuales. Todos los que oían hablar de las pinturas prehistóricas que representaban animales con tanto detalle, que avergonzaban a los artistas e ilustradores modernos, querían verlas.

Además de caballos, gatos, ciervos, bóvidos y renos, los cuadros también ilustran varios seres míticos y una persona con cabeza de pájaro (el único humano entre todas las figuras), lo que se cree que es una práctica religiosa similar a la de los chamanes en civilizaciones posteriores. Los arqueólogos afirman que es probable que el yacimiento se utilizara para prácticas religiosas relacionadas con las proezas cinegéticas de los lugareños y para detallarlas. Algunas pinturas se han relacionado con la constelación de Tauro y las Pléyades, y con danzas (otro indicio de actos rituales). La combinación de ambas asociaciones indica que los participantes en estas ceremonias religiosas experimentaban trances y visiones.

Una investigación más profunda de la cueva llevó al descubrimiento de varias galerías laterales adornadas con animales y criaturas míticas. En ellas, junto a las pinturas principales de la caverna, se representa la vida de los antepasados que vivieron en torno al 15.000 a. C., dedicando sus vidas al arte, la religión e incluso a prácticas ocultas. Algunas de las imágenes destacan las prácticas funerarias, que transmiten que creían en el más allá y posiblemente en una fuente de vida que lo abarcaba todo (representada como la diosa madre). Creían en fuerzas misteriosas que iban más allá de las experiencias humanas normales.

Muchos de los animales que aparecen en las pinturas rupestres de Lascaux se han extinguido, pero sus cazadores han conseguido preservar para siempre su semejanza, que estuvo a punto de verse obstaculizada por un enorme error garrafal. Cuando los propietarios abrieron la cueva a las masas, no tuvieron en cuenta cómo afectaría al entorno el creciente tráfico. Colocaron luces de gran potencia para que la pintura fuera visible desde todos los ángulos, ofreciendo la mejor experiencia posible a los visitantes que pagaban, pero desvaneciendo la obra de arte en el proceso. Y, a medida que esos miles de visitantes se acercaban para observar las pinturas, respiraban sobre ellas y creaban condensación. Al acumularse la humedad en techos y paredes, el moho y los líquenes empezaron a proliferar, dañando aún más las pinturas. En un momento dado, el aire se volvió tan denso que los visitantes empezaron a desmayarse tras pasar sólo unos minutos en el interior. En 1963, André Malraux, ministro de cultura francés, ordenó el cierre del museo al público, posiblemente por el peligro que suponía para la salud y no para la conservación de las pinturas. A partir de entonces, sólo los historiadores pudieron entrar en la cueva de Lascaux. El público tuvo que esperar 20 años para volver a disfrutar del espectáculo, aunque en una réplica construida cerca de la gruta original. Mientras el nuevo yacimiento sigue fascinando a la gente, persisten los esfuerzos por evitar que la obra de arte original siga deteriorándose. Tras reunir a casi 300 historiadores y expertos en restauración de todo el mundo en 2009, el ministerio de cultura francés publicó numerosas recomendaciones para frenar el deterioro de las pinturas. Sin embargo, nunca se abordó el error inicial que provocó el desvanecimiento y el moho de las pinturas.

Homo Floresiensis, el Hobbit

En 2001, un equipo de arqueólogos dirigido por Raden Soejono y Mike Morwood, que buscaba trazar las antiguas rutas de viaje entre Asia y Australia, empezó a excavar en Liang Bua, una cueva grande y fría situada a unos 1.600 pies sobre el nivel del mar en Flores (Indonesia). El yacimiento está situado entre dos ríos, tiene un techo alto que lo aísla del entorno, abundantes recursos naturales para la habitación humana y artefactos de piedra, lo que hizo creer a los investigadores que encontrarían pruebas de que los antiguos viajeros se detenían y pasaban tiempo allí.

Incluso el primer hallazgo superó las expectativas del equipo, ya que incluía huesos de ratas, cigüeñas gigantes, dragones de Komodo, estegodones (especie primitiva de elefante) y otros animales exóticos. Sin embargo, el descubrimiento más espectacular se produjo el 2 de septiembre de 2003, cuando los excavadores desenterraron un cráneo de aspecto muy inusual. Se identificó como un cráneo humano, pero era mucho más pequeño de lo que el equipo esperaba encontrar en la capa pleistocénica que estaban excavando en ese momento. Los huesos (tanto el cráneo como el resto del cuerpo encontrado debajo) eran también muy frágiles, por lo que el equipo decidió cortarlos junto con el sedimento circundante, un trabajo minucioso que llevó varios días.

Al examinar los pequeños restos, el equipo llegó rápidamente a la conclusión de que pertenecían a un niño. Sin embargo, los científicos responsables de la identificación faunística de los huesos discreparon, alegando que pertenecían a otra especie y no a la de los humanos modernos. Ante el dilema de identificar los restos, los responsables del equipo pidieron al paleoantropólogo Peter Brown que se uniera a ellos en el yacimiento de Indonesia. Antes de llegar, Brown recuerda que esperaba encontrar o bien los huesos de un niño (como se afirmó en un principio) o los de una persona que padecía una enfermedad genética u otra patología que impedía su crecimiento. Al no confiar en el juicio y la experiencia del equipo original, Brown se mostró escéptico ante el hallazgo de una nueva especie humana. Sin embargo, confirmó inmediatamente que pertenecían a una especie diferente tras observar las pocas piezas limpias del cráneo.

Al reconstruir el cráneo, el equipo descubrió que su propietario tenía una capacidad cerebral inferior a un tercio de la de los humanos modernos. Esto les dejó atónitos porque hasta entonces se creía que los homínidos con un cerebro tan pequeño vivieron hace entre 2,5 y 3 millones de años, es decir, mucho antes de que se formara la capa de sedimentos en la que se encontraron los huesos. Pronto se determinó la fecha de carbono de los huesos, confirmando que tenían aproximadamente 18.000 años, lo que coincidía con la cronología que el equipo estaba estudiando en un principio: el Pleistoceno tardío. También se determinó que los huesos pertenecían a una hembra homínida primitiva de un metro de altura.

Otras teorías (erróneas) afirmaban que las especies recién descubiertas eran descendientes del Homo Erectus, la primera especie de homínido que vivió en Java (muy cerca del lugar donde se hallaron los huesos) hasta hace 150.000 años. Esta teoría se apoyaba en la creencia de que, como los descendientes del Homo Erectus vivieron allí hasta el final de la última Edad de Hielo, se adaptaron a los limitados recursos reduciendo su tamaño.

Según otra teoría, es más probable que la nueva especie fuera un pariente lejano de los australopitecos, que vivieron en África hace más de 2 millones de años y tenían rasgos igualmente pequeños.

A pesar de no poder precisar el origen de estas nuevas especies, el equipo de investigación original sacó finalmente su descubrimiento a la luz pública en 2004. Anunciaron sus hallazgos como una pequeña rama de los humanos modernos.

Al principio, la especie recibió el nombre de Sinanthropus floresianus (que se traduce como «hombre de la región de Sunda, en Flores»), pero pronto fue rebautizada como Homo floresiensis, ya que todo el mundo estaba de acuerdo en que se trataba de un miembro del género Homo. Para ganarse al público (porque aún necesitaban que otros expertos confirmaran los hallazgos) y porque el nombre oficial en latín era demasiado difícil de pronunciar, Mike Morwood y sus colegas también dieron otro nombre a la nueva especie, «hobbit».

En parte debido a este inusual apodo, la noticia de su descubrimiento captó inmediatamente la atención del público. Muchos miembros de la comunidad científica cuestionaron la veracidad de los hallazgos, considerando absurdo creer que los homínidos pudieran haber evolucionado por separado en el sur de Asia y persistido hasta finales del Pleistoceno.

Tras leer el artículo publicado en la revista *Nature* el 28 de octubre de 2004, algunos paleoantropólogos seguían creyendo que los restos pertenecían a un esqueleto patológico, y citaban la microcefalia al comparar las medidas del cráneo que se habían dado a conocer con las de otros cráneos de cerebro pequeño que habían encontrado durante sus hallazgos anteriores.

En un momento dado, los huesos fueron recogidos por Teuku Jacob, que intentó tomar moldes del cráneo, lo que podría haberlo destruido fácilmente debido a su fragilidad. Inmediatamente después del primer intento, la mandíbula inferior se rompió. Finalmente, los huesos fueron devueltos a Indonesia, y cada vez más expertos confirmaban que pertenecían a una nueva especie. En lugar de un molde exterior, se hizo un *endocast* (molde interior hecho de un objeto hueco), que reveló que el cerebro del hobbit podría haber sido pequeño, pero se parecía más al del Homo Erectus que a los *endocast* de humanos primitivos con cerebros pequeños. Los *endocast* también se compararon con los cerebros de cráneos con microcefalia confirmada. Al no encontrar similitudes entre ellos, esta teoría quedó definitivamente descartada, aunque los hallazgos abrieron el debate sobre otras posibles causas, como el síndrome de Laron y el síndrome de Down.

Tras examinar los pies, los científicos también empezaron a argumentar que, por su anatomía y por los grandes animales que vivieron en esa zona contemporáneos a aquella especie, lo más probable es que fueran trepadores que vivían en los árboles.

Con la continuación de las investigaciones en Liang Bua, los científicos esperan encontrar respuestas a numerosas preguntas, entre ellas si la vida del hobbit se solapó con la aparición de los humanos modernos en la zona.

El descubrimiento de esta nueva especie no sólo ha colocado al Sudeste Asiático a la vanguardia de la investigación sobre la evolución humana, sino que también ha hecho tambalear creencias previamente establecidas, como que las dos únicas especies que existieron en la misma época eran los humanos modernos y los neandertales. De hecho, la razón por la que el equipo que descubrió el hobbit comenzó la excavación en el Sudeste Asiático fue que creían que encontrarían restos pertenecientes a *humanos modernos*. En lugar de eso, encontraron lo que se convirtió en uno de los descubrimientos más importantes sobre la evolución humana. La línea del hobbit podría haber sido un callejón sin salida evolutivamente hablando, pero su descubrimiento puso todo en una perspectiva diferente, cambiando la forma en que los científicos piensan sobre los hechos evolutivos.

Preguntas al final del capítulo

He aquí algunas preguntas para reflexionar después de leer este capítulo:

1. ¿De qué manera las intervenciones modernas en la cueva de Lascaux supusieron paradójicamente un riesgo para la preservación de la historia antigua?

2. ¿Qué pueden decirnos los últimos momentos y pertenencias de Otzi, el hombre de hielo, sobre el estilo de vida y los retos a los que se enfrentaba la gente de su época?

3. ¿Por qué el descubrimiento de Homo floresiensis fue recibido inicialmente con escepticismo y qué factores contribuyeron a su aceptación final en la comunidad antropológica?

Curiosidades

- A pesar de tener más de 5.000 años de antigüedad, Otzi tiene 19 parientes vivos en Austria en la actualidad, ¡según se ha descubierto mediante análisis de ADN!

- Aunque son famosas por sus meticulosas representaciones de animales, las pinturas rupestres de Lascaux no incluyen imágenes del paisaje circundante ni del cielo, una característica destacada en el arte histórico posterior.

- Aunque Homo floresiensis fue apodado públicamente «hobbit» debido a su estatura extremadamente pequeña, en un principio se pensó que su cráneo era el de un niño pequeño, ¡no el de un adulto!

Capítulo 2: Errores egipcios

Este capítulo profundiza en errores increíblemente fascinantes de la historia del antiguo Egipto. Los errores en la pirámide encargada por Snefru, las estrategias de gobierno de Akenatón y la ubicación de la tumba de Tutankamón condujeron a la grandeza. Este capítulo demuestra que lo que a menudo se percibe como errores que alteran la vida son las claves para la transformación positiva y el éxito. Esta intrigante y peculiar lectura le llevará a través de los anales de la historia faraónica, desde las innovadoras técnicas de construcción de pirámides hasta el arte de la creación y colocación de tumbas.

Anomalía arquitectónica de la Pirámide Acodada de Snefru

Sneferu: El innovador comisario de las pirámides

El antiguo rey egipcio Sneferu ascendió al poder en el siglo XXV a. C. Fue el primer gobernante de la 4ª dinastía egipcia y aseguró su reinado contrayendo matrimonio con el linaje real. Durante su reinado, Sneferu dirigió varias incursiones hacia Nubia y Libia. También dirigió excavaciones en el valle de una de sus pirámides, lo que permitió revelar el primer registro del sistema administrativo y gubernamental de Egipto. Se cree que su reinado fue una edad de oro.

El rey Sneferu se interesó especialmente por la construcción de pirámides

El rey estaba especialmente interesado en expandir la nación y fomentar las innovaciones técnicas, sobre todo en la arquitectura y la construcción de pirámides. Las tres pirámides más importantes que construyó son las pirámides de Bent y la Roja en Dahshur, una antigua necrópolis egipcia y complejo piramidal, y la pirámide de Meidum en Meidum, que es un yacimiento arqueológico en el bajo Egipto. También cabe destacar que los descendientes de Snefru fueron los responsables de las tres famosas pirámides de Guiza: La pirámide de Khufu (hijo de Snefru), la pirámide de Khafre (hijo de Khufu) y la pirámide de Menkaure (hijo de Khafre).

Mientras que los sucesores de Snefru encargaron la construcción de pirámides que hoy se encuentran entre las maravillas más populares del mundo, las innovadoras pirámides de Snefru eran significativamente más grandes que las encargadas por sus predecesores. También fue responsable de la transición de crear las pirámides en forma de escalones a hacerlas de lados planos.

La Meidum se construyó inicialmente como pirámide escalonada. Sin embargo, el rey ordenó más tarde modificarla para darle un aspecto más plano. La Pirámide Acodada, su segundo encargo, es la primera verdadera pirámide construida. Unos años más tarde, encargó la construcción de la pirámide Roja, donde más tarde fue enterrado. Mientras que la Meidum se derrumbó en su mayor parte, las otras dos siguen en pie.

La Pirámide Acodada

La Pirámide Acodada es una de las más singulares de las 118 pirámides halladas en Egipto. Mientras que la mayoría de estas pirámides son escalonadas o de lados planos, la creación de Snefru está extrañamente inclinada. Alrededor de dos tercios de la altura de los lados de la pirámide están ligeramente inclinados, mientras que el resto de su longitud adopta un ángulo extremo. Sorprendentemente, también es una de las cinco únicas pirámides que conservaron su forma real miles de años después. La Pirámide Acodada ofrece la mejor visión de las técnicas arquitectónicas y de construcción de los antiguos egipcios debido a su forma única y a cómo marca la transición de las pirámides escalonadas a las verdaderas pirámides.

Pirámide Acodada de Snefru
Julian Wishahi, CC BY-NC-SA 2.0 DEED https://creativecommons.org/licenses/by-nc-sa/2.0/
https://www.flickr.com/photos/121476474@N04/26905186026

Este hito arquitectónico está construido con piedra caliza blanca y mide unos 104 metros de altura. La inclinación de la parte inferior de la pirámide es de 55° y la de la superior, de 43°. El templo del valle consta de tres secciones: una de ellas tiene almacenes y está decorada con imágenes de escenas de estancias mortuorias, otra sección está adornada con estancias funerarias, y la última sección, en la parte norte del templo, contiene diez columnas de piedra caliza de color rojo con representaciones de Sneferu participando en ciertos rituales.

El templo del valle, que albergaba sacerdotes que se creía formaban parte del culto mortuorio del soberano, estaba rodeado por un enorme muro de adobe. El complejo piramidal también estaba rodeado por un gran muro de piedra caliza, creando un patio alrededor de la pirámide. Sneferu dio varias indicaciones a los ingenieros a lo largo de la construcción de la Pirámide Acodada. Al principio, se construyó a 60° antes de reducirla a 55°. Sneferu también exigió que la pirámide tuviera una base más grande.

Aunque sus ingenieros ya habían empezado a construir lados empinados, Sneferu les ordenó que hicieran la pirámide más angular (45°), lo que dio lugar a su aspecto curvado. Los ingenieros también se dieron cuenta de que utilizar el antiguo método de colocación de la piedra con la nueva técnica de construcción inclinada hacia el interior provocaría tensiones en la estructura, por lo que tuvieron que desarrollar una nueva forma de hacerlo.

Hay dos entradas a la subestructura de la pirámide. Una de ellas sirve de pasillo que conduce a una antecámara subterránea que lleva a una cámara funeraria, que alberga el pergamino grabado de Snefru, y la otra es un pasillo que conduce a una cámara superior con mampostería de piedra caliza.

¿Por qué está doblada?

Aparte del deseo de Snefru de transformar la manera en que se construían las pirámides, surgieron varias teorías sobre el aspecto de la Pirámide Acodada. Algunos estudiosos creen que el rey sufrió una muerte inesperada, lo que hizo que los constructores se apresuraran a terminar el templo. Otros creen que los ingenieros habrían mantenido el ángulo inicial de los lados de la pirámide si no hubiera sido por los sonidos y ecos que surgían del interior, que les dieron la pista de que el ángulo no era sostenible.

Muchos arqueólogos también sugieren que las pirámides Roja y Acodada se terminaron simultáneamente, simbolizando el papel de Snefru como doble rey. Gobernaba el norte, representado por una corona roja, y el sur, representado por una blanca. Otra teoría sugiere que la Pirámide Acodada adopta intencionadamente esta extraña forma para alinearse astronómicamente con las leyes cósmicas y los rituales en los que creía el culto al sol del rey. Algunos creen que Sneferu también encargó que la Meidum fuera una pirámide inclinada. Sin embargo, el templo se derrumbó cuando aún se estaba construyendo la Pirámide Acodada, lo que obligó a los ingenieros a replantearse sus técnicas y cálculos de construcción para hacer de esta última una estructura más sostenible.

Independientemente de si Snefru había encargado realmente a los ingenieros la creación de una pirámide doblada o si su peculiar forma fue el resultado de desafortunados acontecimientos y revelaciones, este templo está considerado uno de los avances técnicos y arquitectónicos más destacados de su época. Radicalizó la construcción de las sucesivas tumbas reales del antiguo Egipto en cuanto a forma, tamaño y material de construcción.

La Pirámide Acodada está hecha de bloques de piedra sustancialmente más pesados y grandes que los utilizados para los monumentos precedentes. Por lo tanto, los constructores tuvieron que cambiar sus técnicas de construcción por métodos que se adaptaran al nuevo material. Mientras que las técnicas anteriores de construcción de pirámides no diferenciaban entre la capa externa del templo y su vaciado, los arquitectos de la Pirámide Acodada tuvieron que utilizar bloques de vaciado para crear un exterior plano.

Los especialistas sugieren que intentaron rellenar los escalones de la pirámide de Meidum con la misma técnica. Sin embargo, se equivocaron al colocar los bloques de fundición horizontalmente antes de cortar los bordes inclinados. Cortaron las piezas fundidas en bloques rectangulares para evitar otro monumento derrumbado antes de colocarlas en ángulos de 17° inclinados hacia el interior. Aunque fue bastante más difícil de hacer, este método reforzó la estructura aprovechando la gravedad. Ésta tira de su masa hacia dentro y hacia abajo, hacia la tierra.

Revolución religiosa del faraón Akenatón

Akenatón, padre de Tutankamón, ascendió al poder durante el siglo XVIII. Su reinado duró casi dos décadas y fue conocido por radicalizar la antigua religión egipcia. El rey también era popular por ser un conocedor e innovador de las artes. Sin embargo, su reinado dio lugar a un periodo de agitación y desasosiego.

El reinado de Akenatón duró casi dos décadas

El rey nació alrededor del año 1370 a. C. y creció en el rico, poderoso y próspero antiguo Egipto. Akenatón aprendió la religión tradicional y la literatura del antiguo Egipto mientras crecía, y sirvió en el ejército. En la época de su educación, los sacerdotes tebanos de Amón se encontraban entre los individuos de más alto rango en el sistema social y gubernamental. Gozaban de abundantes riquezas y de un elevado estatus social, e incluso se les consideraba enemigos de los faraones.

Nacido como Amenhotep IV, Akenatón fue corregente de su padre durante varios años antes de ser nombrado rey. Aunque es probable que este periodo de transición durara más, Akenatón tuvo que acceder al poder con sólo 16 años tras la abrupta muerte de su padre. Al principio de su reinado, el recién nombrado rey no hizo nada fuera de lo común. Adoraba al dios tradicional Amón y mantenía las pautas habituales de la realeza.

El auge del atonismo

Sin embargo, al cabo de media década de reinado, Amenhotep IV empezó a promover ideologías controvertidas. Afirmaba que Atón, una deidad solar, era el único dios verdadero e instaba a la gente a adorarlo sólo a él. Estas creencias son las que lo llevaron a rebautizarse como «Akenatón», que se traduce como «el siervo de Atón». Akenatón no se limitó a sugerir a la gente que abrazara su nueva fe, sino que prohibió el culto a cualquier otra deidad. Cerró todo templo que no perteneciera a Atón y se deshizo de todas las representaciones de las demás deidades.

Naturalmente, sus maneras enérgicas y sus puntos de vista excéntricos no fueron bien recibidos por el público de la época. La mayoría lo acusó de traicionar las culturas, tradiciones y sistemas religiosos del antiguo Egipto. Al denunciar a todos los demás dioses también provocó la pérdida de influencia y relevancia de los antaño poderosos sacerdotes de Amón, lo que provocó un alboroto político.

El rey también creó una nueva ciudad y la llamó Akhetaten (ahora conocida como Amarna), que se traduce como «Horizonte de Atón», y la nombró la nueva capital en lugar de Tebas. La ciudad albergaba varios templos dedicados a Atón. La diseñó de forma que todos los templos estuvieran orientados hacia el este, la dirección del sol naciente, en honor a la deidad.

Problemas internos y diplomáticos

El conflicto que desencadenó el gobierno de Akenatón traspasó las fronteras del antiguo Egipto. El pueblo y los sacerdotes, que dedicaban sus vidas a otros dioses, se opusieron a él y lo rechazaron. Incluso los sacerdotes de Amón se vieron obligados a abandonar sus antiguas creencias y dedicar su sacerdocio a Atón.

El rey también se preocupó en gran medida de construir Akhetaten, en lugar de redirigir sus esfuerzos y recursos a la expansión del imperio.

Su falta de atención a los asuntos militares y gubernamentales dificultó las relaciones diplomáticas con los gobernantes de los alrededores. Los arqueólogos encontraron cartas en Amarna que demostraban la negligencia de Akenatón en los asuntos diplomáticos y sus descaradas peticiones de regalos y recursos materiales.

La gran esposa real

Nefertiti, con quien se casó Akenatón, desempeñó un papel increíble como cogobernante del antiguo Egipto. Ayudó a transformar la sociedad y el sistema religioso junto a Akenatón y fue considerada su equivalente femenino. Se la representaba con su marido más que a ninguna otra reina y se la titulaba la «Gran esposa real». También se la muestra haciendo sacrificios a Atón sin Akenatón, lo que indica el gran poder que tenía en la corte. Nefertiti aparece victoriosa luchando contra los enemigos del antiguo Egipto, una representación reservada sólo a los reyes. La reina también tenía su propio templo en Akhetaten. Los eruditos sugieren que gobernó el país tras la muerte de Akenatón.

Cambios en el arte

El paso del politeísmo al monoteísmo obligó a los artistas a cambiar su forma de hacer arte. Tuvieron que abandonar sus representaciones tradicionales de los dioses y los faraones y crear en su lugar obras de arte con escenas de la vida cotidiana. Incluso las representaciones de la familia real se hacían desde una óptica más realista. Este cambio en el arte también pudo estar influido por la creencia atonista de que Atón se encontraba en todo lo que había en el mundo. El arte de la época también incluía con frecuencia el disco solar, que es un símbolo de Atón.

La muerte de Akenatón y lo que siguió

Los eruditos sugieren que Akenatón empezó a enfermar alrededor de los 12 años de su gobierno, lo que le llevó a la muerte cinco años más tarde. Otros sugieren que fue asesinado en el año 17 de su reinado. Como era de esperar, sus reformas religiosas no duraron mucho después de su muerte. Cuando su hijo, Tutankhatón, tomó el poder, cambió su nombre por el de Tutankhamón, reabrió los templos que su padre había cerrado y recuperó el culto tradicional a Amón. También rebautizó Tebas como la antigua capital egipcia.

Los antiguos egipcios intentaron por todos los medios borrar todo recuerdo de Akenatón y su tumultuoso reinado. Eliminaron su nombre de los monumentos públicos y destruyeron sus imágenes y representaciones. Sus esfuerzos tuvieron tanto éxito que no se descubrió ninguna prueba de la existencia de Akenatón hasta el siglo XIX, cuando se redescubrió Amarna y se excavó la tumba del rey.

Las peculiaridades de la tumba de Tutankamón

El rey Tutankamón sólo tenía nueve años cuando ascendió al poder. Fue guiado y aconsejado por visires hasta que fue capaz. Aunque su reinado duró poco debido a su muerte prematura, dejó una huella importante en la historia de Egipto. La idea de un niño gobernando uno de los imperios más complejos, poderosos y magníficos de la época es profundamente intrigante.

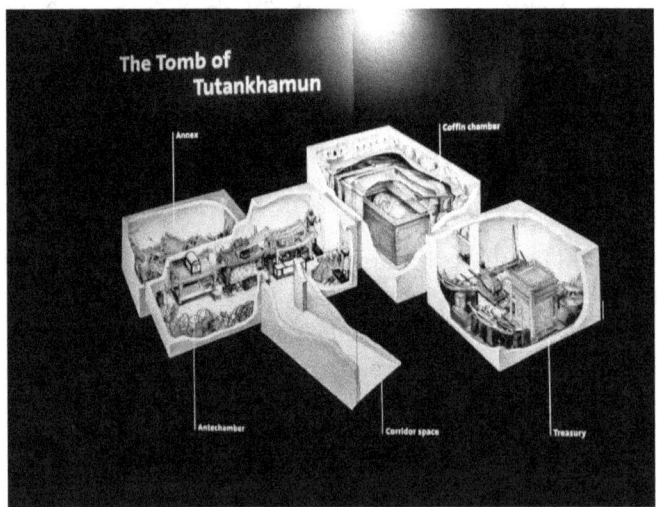

La disposición de la tumba de Tutankamón

El rey de fama mundial murió con sólo 18 o 19 años, lo que contribuye aún más al aire místico que le rodea. La causa de su muerte sigue siendo objeto de debate entre los profesionales del campo. Aunque los primeros exámenes sugirieron que el rey sufrió un golpe en la cabeza, las tomografías computarizadas y los análisis de ADN modernos revelaron que pudo haber sufrido un accidente de carro o sufrido malaria o una enfermedad ósea degenerativa.

Los egiptólogos coinciden en que la preparación de la tumba de Tutankamón fue precipitada, ya que no era como las tumbas elaboradamente planificadas de los demás reyes, cuyo acondicionamiento solía llevar años. Parece estar cubierta de decoraciones incompletas, más pequeñas de lo habitual, y completada con artefactos reutilizados. Su proceso de enterramiento también fue apresurado, y no se registraron suficientes detalles sobre su muerte, lo que probablemente se deba a su inesperado fallecimiento. Muchos sugieren que la tumba estaba destinada inicialmente a otra persona, pero acabó siendo utilizada para el rey Tut. Incluso el ajuar funerario parece elegido al azar y fuera de lugar.

La extraña ubicación de la tumba

La mayoría de los reyes eran enterrados en el Valle de los reyes. Sin embargo, la tumba de Tutankamón estaba situada en un lugar extraño. La tumba del rey estaba oculta bajo la entrada de la tumba de Ramsés VI. Su peculiar ubicación y su pequeño tamaño hicieron que pasara desapercibida durante miles de años. Muchos creen que fue una decisión imprevista motivada por la inesperada muerte del rey, mientras que otros creen que se hizo intencionadamente para proteger el sarcófago. Al fin y al cabo, la tumba es uno de los artefactos más exquisitos y valiosos de la historia. Está hecha de 110 kg de oro puro y presenta una detallada talla del faraón. Fuera intencionado o no, la ubicación oculta de la tumba la protegió contra los efectos dañinos del tiempo y la codicia de los intrusos.

La tumba de Tutankamón estaba curiosamente situada cerca de la entrada de la tumba de Ramsés VI

Elias Rovielo, CC BY-NC-SA 2.0 DEED https://creativecommons.org/licenses/by-nc-sa/2.0/
https://www.flickr.com/photos/eliasroviello/44060676590

El fascinante ajuar funerario

La tumba de Tutankamón incluía una colección de más de 5.000 objetos. Desde artículos de uso cotidiano, como taparrabos y utensilios para el cuidado personal, hasta objetos simbólicos utilizados en rituales. También se encontraron en la tumba objetos muy personales y sentimentales, como sus hijas nacidas muertas momificadas y un mechón de pelo de su abuela. También se encontraron vino, dátiles, lentejas y otros alimentos y bebidas.

El ajuar funerario del rey también incluía herramientas como cinceles y varas cúbicas y armas como arcos y flechas, carros y armaduras. También se hallaron objetos de lujo como báculos y reposacabezas de metales preciosos, guantes de lino, joyas libias y marfil y ébano nubios. Los egiptólogos también descubrieron sandalias, maquillaje, muebles e incluso juegos de mesa en la tumba. Estos objetos ofrecían mucha información sobre los asuntos diplomáticos de la nación y la vida cotidiana del antiguo Egipto.

El sonido de la historia

Curiosamente, la tumba del rey Tut albergaba la única trompeta que se conserva del antiguo Egipto. Este artefacto es el instrumento musical más antiguo del mundo. Como era de esperar, estaba hecha de plata y oro. Esta elaborada pieza no sólo es hermosa a la vista, sino también al oído. Es una oportunidad única de escuchar los sonidos de la historia. Tras permanecer en silencio durante más de tres milenios, el músico James Tappern, del 11º regimiento de Húsares Reales del Príncipe Alberto, tocó el instrumento en 1939 frente al Museo Egipcio. Las últimas investigaciones sugieren que el instrumento se utilizaba con fines militares más que de entretenimiento.

Desde la peculiar construcción de la Pirámide Acodada, aún en pie, hasta la ornamentada trompeta tocable, este capítulo es un testimonio de la grandeza del antiguo Egipto. Incluso sus errores dieron lugar a innovaciones y descubrimientos revolucionarios. La Pirámide Acodada, las transformaciones religiosas de Akenatón y su reinado, y las peculiaridades de la tumba de Tutankamón arrojan luz sobre las habilidades, la forma de pensar y el estilo de vida de quienes habitaron la cuna de la civilización hace miles de años.

Preguntas al final del capítulo

He aquí algunas preguntas para reflexionar después de leer este capítulo:

1. ¿Cómo reflejan los defectos de diseño de la Pirámide Acodada de Snefru la evolución de los conocimientos sobre la construcción de pirámides en el antiguo Egipto?

2. Teniendo en cuenta el rico panteón de dioses del antiguo Egipto, ¿por qué el cambio de Akenatón hacia el monoteísmo enfrentó una resistencia tan fuerte y se revirtió rápidamente después de su reinado?

3. ¿Qué anomalías en la tumba del rey Tutankamón sugieren que podría no haber sido el lugar de descanso originalmente previsto para el joven faraón?

Curiosidades

- A pesar del aparente «error» en su diseño, la Pirámide Acodada de Snefru es única y es una de las pirámides mejor conservadas del antiguo Egipto, ya que tiene gran parte de su revestimiento de piedra caliza lisa.

- Akenatón y su esposa Nefertiti aparecen a menudo representados con cráneos alargados, lo que ha dado lugar a numerosas especulaciones y teorías, ¡incluso sobre su origen extraterrestre!

- Aunque el rey Tutankamón es uno de los faraones más conocidos en todo el mundo, su reinado fue relativamente corto e históricamente anodino; el descubrimiento de su tumba casi intacta en 1922 lo catapultó a la fama internacional.

Capítulo 3: Falacias griegas

Centrándose en la vida de los antiguos griegos y en los percances que moldearon su civilización, el capítulo comienza con la historia de la expedición a Sicilia durante la guerra del Peloponeso, mostrando esta fatal campaña militar como uno de los desastrosos intentos de los griegos por conquistar las costas de Europa. La segunda historia se sumerge en un suceso algo humorístico, pero igualmente trágico, en el que están implicados un pájaro y una tortuga y que condujo a la muerte del célebre dramaturgo griego Esquilo. Para concluir el capítulo, la última historia examina el impactante incendio provocado por Eróstrato, un hombre que destruyó el magnífico templo de Artemisa en busca de fama y fortuna.

La expedición a Sicilia y la guerra del Peloponeso

Liderada por el enorme poder militar de Atenas, la Liga Délica (formada por una unión de ciudades griegas tras la guerra persa) se propuso hacer frente a la invasión persa y a Esparta. Por otro lado, los espartanos estaban más preocupados por la increíble rapidez con la que Atenas obtenía cada vez más poder en la región. En un intento por recuperar el control del poder económico y militar, los espartanos comenzaron a enfrentarse a los atenienses en una serie de conflictos, que finalmente desembocaron en la guerra del Peloponeso. Tras lograr una victoria masiva y tomar 292 cautivos espartanos durante las batallas de Pilos y Esfacteria, en el 425 a. C., Atenas adquirió una gran ventaja, y el poder de los espartanos fue menguando. Sin embargo, en algún momento de los tres años siguientes, las tornas cambiaron y, de repente, Atenas estaba en el bando perdedor.

En el 422 a. C., tras perder a líderes clave y estar exhaustos y temerosos de perder aliados, ambos bandos necesitaron tiempo para reagruparse y recuperar sus pérdidas. Su enfrentamiento por el dominio quedó brevemente en suspenso con la Paz de Nicias en el 421 a. C., aunque este periodo de calma duró poco, lo que se debió en parte a la épica incapacidad de los atenienses para darse cuenta de que habían sido engañados. Firmado por el rey Pleistoánax por parte espartana y el comandante Nicias por parte ateniense, este tratado de dieciocho cláusulas prometía aparentemente a ambas partes una resolución pacífica. Se intercambiaban prisioneros, se devolvía al otro el control sobre las principales ciudades y se garantizaba el apoyo mutuo en futuros ataques de terceros. Sin embargo, en una maniobra desconcertantemente inteligente, los espartanos introdujeron una cláusula que les proporcionaba un resquicio para no cumplir una promesa con la que contaban los atenienses. Es decir, los espartanos se comprometían a restaurar Anfípolis en el mismo tratado, cosa que nunca pretendieron hacer, ya que habría dado demasiado poder a los atenienses. Cuando llegó el momento de iniciar la restauración, los atenienses se dieron cuenta de su error, pero ya era demasiado tarde. Sin embargo, ahora desconfiaban (con razón) de los espartanos y, a medida que crecía la desconfianza, la paz que pretendía durar medio siglo se acabó tras sólo un puñado de años.

La desconfianza se trasladó a los aliados de ambos bandos, incluidos los aliados sicilianos de Atenas. En el 415 a. C., las fuerzas sicilianas que apoyaban a Atenas fueron asediadas por los siracusanos, que, a su vez, se aliaron con los espartanos. Como respuesta, Atenas lanzó la expedición siciliana como contraataque a los siracusanos, lo que, según muchos, contribuyó a la continuación de la guerra. Los espartanos se sintieron menospreciados por las acciones de Atenas porque dudaban de las afirmaciones de los atenienses de que sólo intentaban defender a sus aliados. Y tenían motivos para hacerlo.

Inicialmente, las fuerzas de Atenas estaban dirigidas por varios oficiales militares poderosos, entre ellos el comandante Nicias, partidario de la paz y que había firmado el tratado previamente, y el general Alcibíades, que adoptó una postura más agresiva frente a los dirigentes atenienses. Alcibíades estaba decidido a no cometer el mismo error que Nicias y confiar en los espartanos. Pensó que lo mejor era destruir a los aliados espartanos (y debilitar así el poder espartano) y, a pesar de la desaprobación de Nicias, Alcibíades reunió una tropa de 5.000 soldados de infantería y más de 100 barcos y se dispuso a emprender el viaje para ayudar a los aliados sicilianos de Atenas en Siracusa. Al menos, éste era el plan oficial. El verdadero plan de Alcibíades era mucho más insidioso y, como se vio después, exagerado. Alcibíades esperaba secretamente que, con la fuerza que ahora poseía, podría conquistar la ciudad de Siracusa, ampliando los recursos y el control atenienses en la región (al tiempo que arrebataba algo a los espartanos). Sin embargo, algunos monumentos religiosos de Atenas fueron misteriosamente dañados justo antes de su partida. Dada su anterior fama de agresivo y de desaprobar la religión, Alcibíades fue inoculado por este delito, lo que obligó a su flota a partir hacia Sicilia sin él.

A pesar de la ausencia de Alcibíades en la primera línea de la expedición a Sicilia, los atenienses tenían problemas mucho mayores a los que enfrentarse. En primer lugar, enviar una fuerza tan masiva a Sicilia fue un gran error, porque si algo salía mal y Atenas era atacada por otra parte, no habría suficientes hombres para defenderla. Además, después de ver llegar a las costas sicilianas a un número tan masivo de hombres, incluso sus partidarios sicilianos empezaron a sospechar que los atenienses no llegaban sólo para ayudar, sino para conquistar. Este fue su segundo error, pues debilitó la confianza de los sicilianos en ellos. El tercero fue decidir que, puesto que ya había surgido la desconfianza, mejor seguir adelante con su intento de conquista. El general Lámaco, que dirigía la expedición en ausencia de Alcibíades, propuso que atacaran nada más llegar, cuando la ciudad aún no estaba preparada. Nicias, sin embargo, temía que este intento fuera contraproducente (como fue) y argumentó que simplemente debían apoyar a los aliados el tiempo que fuera necesario y luego regresar a casa.

El siguiente error de los atenienses fue subestimar la reacción de las fuerzas siracusanas. Tan pronto como los atenienses establecieron una base cerca de Siracusa, el general siracusano Hermócrates comenzó a reunir aliados de los territorios antiatenienses, incluyendo Corinto, Cartago y Esparta. Al principio, los atenienses asestaron varios golpes importantes, aunque estaban lejos de ganar la guerra. Con Alcibíades a la espera de juicio en Atenas, los otros dos comandantes atenienses asaltaron las costas septentrionales de Sicilia. Aquí cometieron su siguiente error. Mantuvieron a sus tropas capturando pequeñas aldeas y vendiendo los bienes *y las personas* que encontraban allí, cortando todos los lazos con sus antiguos aliados, que no podían soportar estos actos atroces. Aun así, las tropas atenienses siguieron adelante e incluso iniciaron el asedio de Siracusa porque, en un principio, Hermócrates sólo pudo convencer a unos pocos de sus aliados para que ayudaran a reorganizar la actual estructura de mando siracusana. Para mayor preocupación de los atenienses, la mayoría de sus aliados cambiaron de bando o aceptaron permanecer neutrales, pero retiraron su apoyo a Atenas en el conflicto. Sin embargo, esto no fue suficiente para detenerlos.

Tras la muerte del general Lámaco en la primera batalla, Nicias tuvo que luchar contra los siracusanos. Pronto se enfrentó a Gilipo, un poderoso consejero militar espartano que acudió en ayuda de los siracusanos. Los refuerzos atenienses también estaban en camino, pero llegaron demasiado tarde, lo que se sumó a la serie de fracasos que marcó esta campaña. Cuando el general Demóstenes llegó con tropas adicionales, las fuerzas atenienses ya estaban menguando. En el 413 a. C., el peor temor de Atenas se hizo realidad. Esparta había declarado abiertamente la guerra a Atenas, lo que significaba que los atenienses no podían enviar refuerzos adicionales a Siracusa, sellando el destino de la expedición siciliana. La poderosa flota ateniense de Alcibíades, que una vez se creyó capaz de conquistar Siracusa, fue lentamente destruida, y en un cruel giro del destino, los guerreros atenienses que sobrevivieron a las batallas en Sicilia fueron capturados y obligados a trabajar como esclavos de aquellos a quienes una vez intentaron esclavizar.

Atenas se concentró en la guerra contra Esparta, que duró casi otra década, pero el desastre de Sicilia les puso en seria desventaja. Poco a poco, su enorme ventaja se fue perdiendo, junto con la de sus aliados, y Atenas se vio obligada a rendirse a Esparta en el 404 a. C. Junto con la guerra del Peloponeso, también terminó la Edad de Oro de Grecia, ya que tanto los espartanos como los atenienses tardaron décadas en recuperarse.

Vida y muerte de Esquilo

Esquilo era miembro de una familia aristocrática rica y noble

Tilemachos Efthimiadis, CC BY-SA 2.0 https://creativecommons.org/licenses/by-sa/2.0, *vía Wikimedia Commons:* https://commons.wikimedia.org/wiki/File:Aeschylusathens.jpg

Nacido en la ciudad de Eleusina (también conocida como Eleusis) en el siglo V, Esquilo era miembro de una familia aristocrática rica y noble. El joven Esquilo cuidaba un viñedo en esta ciudad no muy lejos de Atenas. Esquilo poseía un gran talento para el arte dramático, lo que queda patente en la forma que explica los inicios de su carrera. Según su relato, tras dormirse después de un duro día de trabajo, Esquilo recibió un mensaje de Dioniso, el divino patrón de los viticultores. En esta visión onírica, Dioniso, dios del teatro en la antigua Grecia, sugirió a Esquilo que explorara el arte de la tragedia. Aunque algunos afirman que se inspiró más en las uvas y el vino que le rodeaban que en una deidad, no importa. Esta visión marcó el inicio de una carrera que convirtió a Esquilo en uno de los poetas-dramaturgos (a veces llamado el padre de la tragedia) más conocidos de la antigua Grecia. Al día siguiente de su sueño, Esquilo empezó a escribir su primera tragedia y la terminó poco después.

En la época en que Esquilo empezó a escribir tragedias, los concursos literarios eran muy populares en la antigua Grecia. En el 484 a. C., Esquilo ganó su primer concurso en una famosa celebración dionisíaca. Unos años más tarde, durante los conflictos greco-persas, su carrera de escritor quedó en suspenso al ser llamado al servicio militar. Esquilo y su hermano, Cinégiro, participaron en la batalla de Maratón, defendiendo Atenas contra el ejército de Darío I de Persia, y en la batalla de Salamina (conocida por su tragedia titulada Los persas).

Además de poeta y héroe de guerra, Esquilo fue miembro del culto secreto de Deméter, participando a menudo en los misterios eleusinos, los ritos dedicados a la exploración de la conexión entre la vida y la muerte. Sin embargo, por revelar secretos del culto al incorporar elementos rituales en sus representaciones escénicas de estas tragedias, Esquilo se enfrentó a un juicio y a una posible condena a muerte. Afortunadamente, su excelente actuación militar le salvó de este destino y fue absuelto tras el juicio. Más tarde, Esquilo se casó y tuvo dos hijos, uno de los cuales (Euforión) también se convirtió en poeta.

Las leyendas describen a Esquilo como una persona sensible y supersticiosa. Por ejemplo, cuando en el 468 a. C. perdió un concurso literario frente a un escritor más joven y prometedor (Sófocles), Esquilo se enfadó tanto que se marchó a Sicilia, donde pronto se hizo tan popular como en Atenas. El rey de esta isla invitó a menudo a Esquilo, animándole a crear obras también allí. Una de las veces que regresó a Sicilia fue precisamente tras su absolución en el juicio sobre los Misterios de Eleusis, y fue en esta isla donde este gran poeta encontró un trágico final en el año 455 a. C.

Antes de morir, Esquilo fue advertido por un oráculo del posible peligro que corría su vida. Según las leyendas, se le dijo al poeta que su muerte sería causada por la caída de un objeto duro sobre su cabeza. Esquilo pensó que lo más probable era que se derrumbara un edificio o cayera un adorno del techo, por lo que empezó a pasar el menor tiempo posible en interiores. Aunque se tomó en serio la premonición, por desgracia, su creencia errónea de que estaría más seguro al aire libre (y el olvido de que fuera también podían caerle cosas en la cabeza) le costó la vida. Un día, mientras Esquilo disfrutaba del aire libre en Gela y contemplaba su próxima obra, un águila dejó caer una tortuga sobre su cabeza (confundiendo su calvo cráneo con una roca brillante), matándolo en un instante.

El poeta y magnífico guerrero, cuya vida terminó de esta absurda manera, nunca regresó a Atenas, sino que fue enterrado en Gela. Curiosamente, su epitafio sólo habla de su glorioso valor en los campos de batalla, no de su talento para el drama y la tragedia. Sin embargo, esto no era inusual para los antiguos griegos, que hacían hincapié en celebrar a aquellos que luchaban por su país. Incluso en el exilio, los logros heroicos de Esquilo nunca se olvidaron; ser un gran dramaturgo no podía eclipsarlos.

Sólo después de su muerte recibió Esquilo el reconocimiento por su contribución al arte dramático y, esencialmente, por fundar el género de la trilogía. Aunque sólo siete de sus obras han sobrevivido plenamente al paso del tiempo, los historiadores han encontrado los títulos de hasta 90 posibles obras más que podría haber escrito en vida. Según pruebas arqueológicas halladas en un antiguo papiro egipcio, las siete obras de Esquilo fueron premiadas en numerosas ocasiones, otorgándole 13 victorias en las celebraciones de Dionisio.

Al igual que se le celebra por sus logros bélicos, Esquilo también honró a los héroes de su época y de épocas anteriores. Impregnada de nacionalismo y patriotismo, su obra se centra a menudo en héroes fuertes y nobles que pronuncian discursos poéticos sobre la definición del país y las tradiciones. Por ejemplo, la trilogía *Orestiada*, compuesta por *Las euménides*, *Agamenón* y *Las coéforas*, detalla la intrincada manera en que la familia del rey de los argivos, Agamenón, se enfrentó al dilema de manejar la venganza personal al tiempo que mantenía los cimientos de la justicia pública. Esquilo también incorporó su propia experiencia militar en la batalla de Salamina a su obra *Los persas*, considerada una de las pocas obras que describen hechos reales de la antigua Grecia.

Esquilo es conocido por introducir muchas innovaciones teatrales, entre ellas más de un actor en los dramas y rebajar el papel del coro (que antes era grandísimo, dado que era el principal participante además del actor único). Debido a ello, también se redujo el número de miembros del coro, a los que Esquilo elegía y enseñaba personalmente. Esquilo fue también el primero en incorporar máscaras y disfraces en sus obras.

Eróstrato y la destrucción del templo de Artemisa

Tras asentarse en las costas de Éfeso (actual Turquía), los colonos atenienses introdujeron su cultura en la región. El culto a la diosa Artemisa, patrona de los cazadores y los animales salvajes y diosa de los partos, era una parte esencial de sus tradiciones. Los atenienses erigieron un templo en su honor para consolidar su veneración por esta deidad. Al principio, el templo de piedra era un simple lugar de culto, pero tras ser destruido por una inundación y los escombros que arrastró, fue reconstruido en el siglo VII a. C. Esta vez, se transformó en una enorme obra maestra de mármol, de 150 pies de ancho y 377 pies de largo, sostenida por vigas de madera, lo que lo convirtió en el mayor templo griego de la historia de la humanidad. Sus 127 columnas estaban adornadas con intrincados diseños, algunos de los cuales fueron tallados a mano por los artistas más renombrados de la antigua Grecia. Además, se añadieron numerosas estatuas macizas de la propia Artemisa, la mayor de las cuales se colocó en el centro del templo, bajo el techo parcialmente cerrado. El Templo de Artemisa se convirtió en lugar de reunión de mercaderes, plebeyos y nobles. El nuevo monumento contaba con una meseta elevada, ideal para protegerse de las inundaciones y forzar los discursos públicos. Sus constructores se aseguraron de que el templo resistiría las catástrofes naturales; con lo que no contaban era con la destrucción a manos de un loco en busca de poder y fama.

Poco se sabe sobre los antecedentes y los primeros años de vida de Eróstrato. Algunas fuentes afirman que era un antiguo esclavo, mientras que otras aseguran que era un campesino. En cualquier caso, era un hombre muy descontento y sin estatus, cosa que quería cambiar. Pensó que, si incendiaba el templo más grande de la región, todos en Éfeso aprenderían su nombre.

Y así fue.

Decidido a conseguir la fama, el 21 de julio de 356 a. C., Eróstrato entró en el templo de Artemisa, portando herramientas para hacer fuego, entre ellas una pequeña lámpara de aceite de oliva y varios trapos que pudo ocultar a los guardias mientras entraba en el santuario. Aunque Eróstrato comprendió que no podía dañar la fachada de mármol, también era consciente de la vulnerabilidad de los elementos de madera, por lo que se centró en ellos. Esperó hasta bien entrada la noche cuando el lugar quedó vacío, colocó los trapos empapados en aceite alrededor del mobiliario y las vigas de madera, y prendió fuego a las vigas de madera, empezando por el santuario interior. Al quedar envueltos en llamas, los pilares fueron incapaces de sostener la estructura de mármol, que se vino abajo. Como parte del techo también era de madera, igual que algunas de las estatuas de Artemisa, a la mañana siguiente también estaban reducidos a cenizas. Las columnas de 12 metros de altura desaparecieron, dejando sólo los trozos de mármol rotos en el suelo y el templo en ruinas.

Eróstrato quemó el templo de Artemisa
https://commons.wikimedia.org/wiki/File:Temple_of_Artemis.jpg

Junto a los restos humeantes, Eróstrato esperaba su captura y su fama. Admitió sin reparos el crimen y sus razones para hacerlo. En lugar de avergonzarse por haber cometido un acto tan horrendo, se jactó de su hazaña, creyendo que sería suficiente para pasar a la historia. Eróstrato fue encarcelado y condenado a muerte poco después, pero las autoridades griegas temían que otros siguieran sus pasos, deseosos de obtener fama a cualquier precio. Para desalentar este tipo de actos, implantaron una nueva ley que prohibía escribir o hablar sobre individuos condenados, lo que significaba que quien volviera a cometer un crimen como este no podría hacerse famoso. Quienes infringían esta ley se enfrentaban a la pena de muerte al igual que quienes cometían los crímenes. A pesar de ello, el historiador Teopompo dejó constancia detallada del atroz acto de Eróstrato, ayudando en última instancia al pirómano en su intento de cimentar su nombre en la historia.

Entre los lugareños también surgieron teorías sobre por qué Artemisa permitió el incendio. Algunos afirmaron que la diosa estaba ocupada supervisando el nacimiento de Alejandro Magno, que casualmente ocurrió esa misma noche, por lo que no vigiló su templo. Más tarde, el propio Alejandro se ofreció a financiar la reconstrucción del templo, pero los funcionarios efesios se negaron, alegando que una deidad no debía construir un lugar de culto para otra y preferían hacerlo ellos mismos. Décadas más tarde, los efesios erigieron un tercer monumento, aún mayor, que pasó a los libros de historia como una de las siete maravillas del mundo antiguo. Medio milenio después, este templo también fue destruido por los invasores. No hubo más intentos de reconstruirlo después, y hoy, el magnífico Templo de Artemisa no es más que un montón de rocas (aunque muy popular entre los turistas). Otro añadido a la historia fue el término «fama erostrática», utilizado para aquellos que cometen crímenes en busca de notoriedad. El citado término, Eróstrato, y su incendio fueron referenciados por numerosos artistas, entre ellos afamados autores como Cervantes y Chaucer.

La historia de la expedición a Sicilia encarna los intentos desesperados de Atenas por recuperar el férreo control militar, económico y político que una vez tuvo en la región. En marcado contraste, la historia de Esquilo es simplemente el caso de una persona que cede a sus supersticiones, dejando de lado el hecho lógico de que las cosas también pueden caer afuera. La historia de Eróstrato se parece mucho a cualquier historia moderna de un acto escandaloso de una persona que busca llamar la atención a toda costa.

Preguntas al final del capítulo

He aquí algunas preguntas para reflexionar después de leer este capítulo:

1. ¿Cómo afectó el fracaso de la expedición a Sicilia al contexto más amplio de la guerra del Peloponeso y al panorama político de Atenas?

2. Aunque la historia de la muerte de Esquilo es sin duda peculiar, ¿qué revela sobre las creencias y opiniones de la antigua Grecia sobre el destino?

3. El deseo de fama de Eróstrato le llevó a cometer un acto atroz. ¿Cómo reaccionó la sociedad de la antigua Éfeso y qué

medidas adoptó para evitar hechos similares en el futuro?

Curiosidades

- La guerra del Peloponeso duró 27 años y no fue un asunto continuo, sino que estuvo marcada por intentos temporales (y fallidos) de lograr una tregua y llena de sorprendentes cambios en las alianzas.

- Algunas fuentes antiguas insinúan que Esquilo fue advertido de su muerte por una profecía según la cual sería golpeado en la cabeza por la caída de un objeto, lo que le impulsó a pasar más tiempo al aire libre, acelerando irónicamente su fallecimiento.

- El Templo de Artemisa, una de las siete maravillas del mundo antiguo, fue reconstruido tras el atroz acto de Eróstrato, pero una invasión posterior provocó su destrucción una vez más. Hoy en día, sólo una columna del templo permanece intacta en el emplazamiento original, el único testimonio del magnífico esplendor que una vez tuvo.

Capítulo 4: Naufragios romanos

El Imperio romano es una de las mayores fuerzas imperiales que ha visto el mundo. En su apogeo, Roma era la ciudad más grande del mundo, con un millón de habitantes, y el territorio del emperador abarcaba dos millones de millas cuadradas. Desde sus inicios en el 625 a. C. hasta su caída y deterioro gradual, que desembocó en su colapso en el 476 d. C., Roma atravesó numerosos picos y valles. Los errores históricos de Roma han creado muchos momentos atemporales y mitologías culturales que siguen siendo relevantes hoy en día. Sumergirse en los errores de Roma revela cómo las sociedades se adaptan a la adversidad e innovan a partir de la derrota. Mantener un imperio durante más de mil años requiere ingenio para adaptarse a algunos acontecimientos que sacuden la civilización por el camino.

Aunque la precisión militar de Roma mantuvo unido al imperio, su destreza política fue lo que respaldó su capacidad mortífera. El espectáculo público y el entretenimiento ayudaban a gobernar al pueblo inculcando una grandeza cultural ligada a los emperadores y a las maravillas que facilitaban. Las bien engrasadas relaciones públicas de Roma también tuvieron algunos contratiempos en su grandeza general.

Roma, la ciudad antigua más grande del mundo, tuvo que lidiar con los problemas de crecimiento propios de vivir en una zona densamente poblada. El centro del mundo antiguo experimentó algunos desastres que provocaron malestar y, en muchos casos, innovación. A través de la danza del éxito y el fracaso, Roma fue capaz de erigirse en una gran superpotencia del mundo antiguo que aún conserva toneladas de relevancia histórica. No se puede negar la influencia de Roma en el mundo moderno, pero en su majestuosidad, los percances de Roma son igual de importantes de destacar. Algunas de las meteduras de pata de Roma pueden considerarse el principio del fin, mientras que otras pueden verse como las que la impulsaron hacia la grandeza. Exploremos este legendario imperio a través de la lente de sus mayores errores.

La batalla del bosque de Teutoburgo

A principios del siglo I, la fuerza militar de Roma no tenía rival en todo el mundo. Su sofisticado ejército no sólo disponía de una tecnología armamentística superior, sino que su disciplina y sus tácticas en el campo de batalla hacían temblar de miedo al globo entero ante las poderosas fuerzas imperiales. Roma se expandió rápidamente, conquistando gran parte del mundo con precisión y brutalidad. Todas las tierras conquistadas y pobladores se asimilaron como ciudadanos romanos bajo el imperio, pagando impuestos a la estructura política descomunal.

La batalla del bosque de Teutoburgo

Los constantes éxitos de Roma probablemente hacían que sus líderes se sintieran imparables. Cuando estaba a punto de producirse la batalla del bosque de Teutoburgo, los romanos ya habían conquistado tribus celtas en el norte y centro de Europa, con el río Rin actuando como frontera. El ejército romano era una poderosa unidad bien estructurada y casi imbatible. El complejo sistema jerárquico comenzaba con un legionario, un soldado de infantería individual. Ocho legionarios formaban un *contubernium*. Diez *contubernium* formaban una centuria, que constaba de 80 hombres. Una cohorte eran seis centurias, que sumaban 480 hombres. Para completar una legión de soldados romanos, se necesitaban al menos diez cohortes, lo que equivaldría a 4.800 hombres, con 120 jinetes adicionales. La legión estaba estructurada bajo una estricta cadena de mando, con líderes militares que guiarían a los soldados desde la primera línea.

Esta estructura jerárquica, unida a su tecnología superior, como sus cascos especialmente diseñados, llevó a Roma a innumerables victorias durante su expansión. El defecto del ejército romano aún no se había explotado en aquella época. El punto fuerte de Roma era su capacidad para luchar como una unidad disciplinada. Julio César había conquistado la Galia, lo que provocó que la región se dividiera en tribus celtas subyugadas y culturas germánicas libres, que los dirigentes romanos consideraban incivilizadas. César Augusto confiaba en que su ejército superior podría conquistar a las tribus germánicas desorganizadas y no unificadas que habitaban al este del Rin.

Cuenta la leyenda que, en el año 17 a. C., la tribu Sicambri capturó el águila estandarte de la Legión V Alaudae. El águila era un ornamento de gran belleza que las legiones romanas llevaban para honrar a sus dioses, por lo que perderla era una desgracia. Algunos dicen que esta fue parte de la razón por la que César Augusto se sintió motivado para conquistar las tribus germánicas libres. Tuvieron cierto éxito con la rendición de Sicambri y la recuperación del águila, que se erigió como un gran testamento simbólico del poder imperial de Roma. El general Nerón Claudio Drusco conquistó una gran extensión de tierra cerca del Rin, que fue bautizada como Germania. Tiberio Julio asumió el mando de la zona a la muerte de Drusco. El emperador Augusto introdujo un decreto impopular en la zona, que obligaba a las tribus germánicas a pagar impuestos a Roma, lo que lógicamente molestó a los lugareños.

Publio Quintictilio Varo gobernó Germania con la ayuda de las once legiones que comandaba. Las tribus germánicas tenían un espíritu revolucionario, pero no pudieron derrotar a sus conquistadores romanos debido a la falta de unidad y a las luchas entre ellas. Todo esto cambiaría con el ascenso de Arminio. Arminio era hijo de Segimerus, el jefe de los cheruscos, y su hermano fue capturado cuando eran niños para mantener a raya a su padre. Arminio fue educado como romano y ascendió en sus rangos militares; sin embargo, siempre guardó rencor a sus secuestradores romanos, independientemente de su identidad como ciudadano romano. Además, siempre sintió una conexión con su tribu, sin olvidar nunca de dónde procedía.

Entre el 8 y el 11 d. C., se produjo un levantamiento en los Balcanes, dejando a Varo con sólo tres legiones en la región del Rin. Debido a su experiencia militar, Arminio conocía los puntos débiles que podía atacar en el estilo de lucha romano. Trabajó para unir a las tribus de Germania de modo que pudieran tender emboscadas a las fuerzas romanas cuando eran más vulnerables. Arminio utilizó algunas tácticas astutas de engaño. Convenció a sus superiores de una falsa rebelión que debían sofocar. Una columna romana de diez millas de largo con 20.000 soldados marchó a través del bosque.

La madre naturaleza no estaba de parte de los romanos, pues los azotaba con viento, tormentas y árboles caídos. El entorno fangoso ralentizó enormemente a los romanos, que cayeron en una emboscada. Arminio partió con el falso pretexto de que iba a recoger material de reconocimiento y reclutar más tropas para la misión. El primer día, los romanos estaban maltrechos, pero consiguieron recomponerse y acampar. Al día siguiente, las fuerzas romanas marcharon hacia el oeste, hacia los campamentos militares establecidos en la zona, pero estaban a cientos de kilómetros.

Los romanos, ahora más preparados, lograron contener a sus atacantes en un terreno más llano. Al tercer día, los romanos se vieron obligados a marchar a través de un estrecho paso en la colina de Kalkriese. Las tribus germánicas habían preparado el paso con anterioridad, construyendo muros para hacerlo aún más estrecho. Los romanos fueron bombardeados con lanzas y agresores a la carga que engrosaron sus filas con constantes refuerzos. La batalla se saldó con la pérdida de 20.000 soldados. Los hombres que no murieron en la batalla sufrieron un destino horrible. Los supervivientes fueron torturados antes de ser sacrificados a los dioses germánicos. Algunos soldados tribales incluso tomaron partes de sus cuerpos como recuerdo de su milagrosa victoria.

La derrota en el bosque de Teutoburgo mermó el respeto de los romanos en todo el imperio. Ahora, las naciones comprendían que derrotar al antaño indestructible ejército romano era posible. Para algunos germanos, Arminio sigue siendo un símbolo de liberación. El historiador romano Tácito relata el aspecto que presentaba el campo de batalla de Calcarias seis años después de la derrota inicial. Los huesos yacían esparcidos, algunos colocados en altares. Según Tácito, Arminio unió a muchas de las tribus germánicas hasta que los celos y las ambiciones políticas de otros hicieron que la unificación se viniera abajo, acabando en traición. Finalmente, los romanos abandonaron Germania, consolidando la independencia de las tribus germánicas.

Tras la batalla, Tiberio conquistó muchas tribus germánicas, pero nunca fue al este del Rin, ni siquiera cuando se convirtió en emperador. El líder reconquistó finalmente el valle del Lippe, a lo largo de la costa del Mar del Norte, pero seguía temiendo someter a las tribus germánicas al dominio romano debido a las grandes pérdidas que habían sufrido. Una de las leyendas más destacadas vinculadas al suceso fue recogida por el historiador Suetonio, quien escribió que el emperador Augusto se sumió en un profundo luto, dejándose crecer la barba mientras gritaba: «¡Quinctilio Varo, devuélveme mis legiones!».

El emperador Nerón y el gran incendio de Roma

El emperador Nerón Claudio César es recordado como una de las figuras más villanas de Roma. A menudo se invoca al emperador cuando se señala el libertinaje hedonista de las clases altas romanas y la corrupción política en las altas esferas. La cristianización de Occidente puede ser parte de la razón por la que el jefe romano es recordado tan desfavorablemente, teniendo en cuenta que persiguió a los cristianos y los culpó de uno de los mayores fracasos del Imperio, que fue el gran incendio de Roma.

El emperador Nerón es recordado como una de las figuras más villanas de Roma
https://commons.wikimedia.org/wiki/File:Rubens_-_Emperor_Nero,_d5334160g.jpg

Aunque Nerón afirmaba que el incendio fue provocado por los cristianos y algunas leyendas que se formaron más tarde señalaban al emperador como principal sospechoso, la ciudad de Roma estaba construida de tal manera que el suceso era inevitable. Durante el reinado de Nerón, Roma era una metrópoli bulliciosa formada principalmente por barrios de chabolas construidos toscamente. La densa población de un millón de habitantes vivía una vida cotidiana llena de peligros de incendio. El 18 de julio de 64 d. C. se declaró un incendio en el Circo Máximo, que se propagó rápidamente por toda la ciudad y se prolongó durante tres días. La falta de estructuras formales de lucha contra incendios y de protocolos de planificación urbana provocó el terrible incendio que se cobró cerca del 70 % de la ciudad.

Nerón perdió el favor del público en los años posteriores al desastre, aunque algunos registros muestran que el emperador puso su palacio a disposición de las personas afectadas por las llamas. Nerón construyó un elaborado palacio con un intrincado coloso de sí mismo, lo que inició el rumor de que Nerón incendió la ciudad a propósito por motivos egoístas. Sin embargo, esta teoría no tiene mucho mérito porque Nerón se encontraba a kilómetros de la ciudad cuando se produjo el incendio, pero nada más importa quewsaaa la opinión pública en política. El emperador culpó a los cristianos perseguidos de iniciar el incendio, alimentado por su mente conspiradora. En aquella época, Roma estaba dividida en 14 distritos, de los cuales tres quedaron diezmados y sólo cuatro permanecieron intactos tras el enorme incendio. Además del incendio, el descontento social se sumó a la devastación, ya que los saqueos estaban muy extendidos durante esta época tumultuosa.

Los efectos negativos del incendio nunca llegarían a escapar realmente de Roma. La pérdida del favor del público anticipó el ascenso de Julio César y la caída de Nerón, que moriría suicidado tras 14 años de gobierno. El pánico generalizado y la privación de derechos de la población hicieron que perdieran la fe en el poder del emperador. Además, el incendio desencadenó una crisis financiera y una caída libre de la moneda de la que Roma nunca se recuperaría del todo. El incendio reconfiguró para siempre la economía y el panorama político de Roma.

Esta catástrofe pone de relieve cómo la propaganda puede desarrollarse a partir de una población insatisfecha. La leyenda que aún pervive en la imaginación de muchos es cómo Nerón hacía música mientras Roma ardía hasta las cenizas. La mayoría de los historiadores ya no aceptan este mito como un hecho porque el emperador se encontraba a 35 millas de distancia, en Antium. Además, el violín aún no se había inventado cuando Nerón gobernaba, pero se sabía que el líder era un ávido tocador de lira, que es de donde puede haberse inspirado la leyenda para construir la impactante historia. Otros relatos son similares a la leyenda del violín, y algunos cuentan que Nerón bailaba en su azotea cantando la canción griega: «El saqueo de Ilión» mientras el infierno crecía hasta alcanzar proporciones inconmensurables. Nerón tocando violín se ha convertido en el símbolo de un gobierno descuidado que siente tan poco por sus ciudadanos que podría divertirse mientras su ciudad está al borde de la destrucción total.

Nerón no hizo mucho por reparar su reputación después de que el gran incendio dejara a amplios sectores de la población sin ningún lugar al que acudir. En lugar de utilizar los fondos romanos para ayudar a los ciudadanos en apuros, Nerón decidió egoístamente agotar los recursos financieros del Imperio para construir el decadente complejo palaciego Domus Aurea, que se traduce como «Casa dorada». El demencial palacio incluía una estatua de oro de 30 metros del emperador. Los romanos sufrían mientras esta estatua ridículamente narcisista se alzaba sobre ellos, por lo que no es de extrañar que Nerón despertara el resentimiento de la población.

La brutalidad de Nerón se ha convertido en legendaria en el mundo moderno, ya que muchos teólogos informan de lo espantoso que fue su trato hacia el naciente movimiento cristiano. Nerón prendía fuego a los cristianos en sus fiestas de jardín y a menudo los hacía despedazar públicamente por perros. Sin darse cuenta, Nerón ayudó a difundir el cristianismo porque fue el sufrimiento de los cristianos mártires, lo que atrajo a muchos a la fe porque les maravillaba que alguien estuviera tan comprometido con su dios que estuviera dispuesto a morir.

El gran incendio de Roma enseñó a los futuros imperios muchas lecciones. En primer lugar, mostró la importancia de la opinión pública para que los líderes potenciales pudieran considerar cómo recibirían las masas sus acciones. El incendio también demostró la importancia del mito, ya que el martirio cristiano hizo crecer la religión tras su persecución porque Nerón los culpó del incendio y de la historia popular de que Roma ardía mientras Nerón tocaba. A nivel tecnológico y arquitectónico, demostró la importancia de la planificación urbanística y de contar con protocolos de seguridad en el futuro, como una unidad específica de extinción de incendios.

El Coliseo: daños, reparaciones y los cambios imprevistos causados por el Hipogeo

El Coliseo es la estructura más emblemática de Roma. El anfiteatro creaba imágenes de multitudes rugientes y sedientas de sangre que vitorean la lucha de los gladiadores o cuando un león despedazaba a un criminal condenado a muerte. Durante gran parte de la existencia de Roma, el Coliseo fue el centro del Imperio, donde se mostraba el poder político del emperador y se entretenía a las masas. Incluso en la era moderna, la gente acude en masa al lugar histórico para comprender cómo podrían haber vivido sus antiguos antepasados humanos. Aunque el Coliseo es legendario, su construcción y mantenimiento no fueron fáciles.

El Coliseo

Sam valadi, CC BY 2.0 https://creativecommons.org/licenses/by/2.0, vía Wikimedia Commons https://commons.wikimedia.org/wiki/File:Colosseum_-_Rome_-_Italy_(16800139540).jpg

Tras el gran incendio de Roma, Nerón construyó su elaborado palacio. Ahora, comprendiendo la importancia de la opinión pública, el emperador Vespasiano construyó el Coliseo como gesto simbólico de devolver el palacio al pueblo. En el año 80 d. C., el Coliseo fue terminado por el hijo del emperador, Tito. La magnífica maravilla arquitectónica entretuvo a las masas con una serie de espectáculos. Una de las principales atracciones fue que el emperador Tito inundó el anfiteatro para celebrar un simulacro de batalla naval. En esta batalla había prisioneros que debían ser ejecutados. La mayoría de los participantes se ahogaron, pero los que sobrevivieron recibieron clemencia.

El emperador que siguió a Tito fue Domiciano. Domiciano fue el responsable de la construcción de uno de los elementos clave del Coliseo que sigue en pie hoy en día: el Hipogeo. Esta compleja red subterránea de túneles y trampillas permitía montar espectáculos increíbles en el Coliseo, donde gladiadores, animales y decorados no tenían que entrar por puertas, sino que podían salir directamente del suelo, creando una atmósfera impactante e impredecible. Los sistemas de poleas accionados por los esclavos judaizantes, que también ayudaron a construir la megaestructura, permitían bajar y subir las plataformas en un despliegue impresionante.

Sin embargo, con todas sus ventajas, el error de Domiciano fue no tener en cuenta cómo funcionaría la atracción popular de inundar el anfiteatro para simulacros de batallas navales. Los túneles significaban que esta maravillosa hazaña nunca podría recrearse. En una cultura que valoraba el prestigio, la pompa y el espectáculo tanto como los romanos, fue un golpe para la reputación de Domiciano no poder montar el mismo espectáculo que Tito. La inundación del Coliseo quedaba ahora restringida a los textos de los historiadores, mientras que Domiciano nunca podría recrearla.

Esta metedura de pata no fue un golpe tan grande como la derrota en Teutoburgo o el gran incendio de Roma; es un grano más pequeño en el cuadro más grande del Imperio. El Coliseo es una maravilla arquitectónica que sigue en pie después de casi 2.000 años, aunque se ha deteriorado y ha recibido una gran paliza. El pantano donde se encuentra el Coliseo obligó a los constructores a excavar cimientos profundos y a utilizar hormigón. La combinación de estos dos factores es la razón por la que la emblemática estructura ha resistido el paso del tiempo. Sin embargo, los niveles superiores del Coliseo no sobrevivieron porque eran de madera. Un incendio en el año 217 destruyó las secciones de madera. Utilizar madera en la estructura fue un error de cálculo, sobre todo teniendo en cuenta el devastador pasado de Roma en materia de incendios.

La falta de grandes técnicas de construcción, junto con las malas decisiones, ha quedado expuesta por la prueba del tiempo. A medida que Roma se cristianizaba y tomaba el centro del Imperio hacia el este, el Coliseo fue descuidado y se convirtió en un cascarón ruinoso de lo que una vez fue. Algunos ven en el abandono del Coliseo un centro cultural y un indicador de que Roma empezaba a caer. La falta de reparaciones y mantenimiento durante la transición del imperio al periodo bizantino fue el último error que acabó con la funcionalidad del Coliseo. El Coliseo ha resucitado como símbolo de la Italia moderna y sigue atrayendo a las masas de todo el mundo.

El expansionismo de Roma y el narcisismo de sus emperadores parecen haber sido los factores determinantes de su ruina. El exceso de ambición y el deseo de la élite de dejar su impronta en el imperio dieron lugar a muchas decisiones terribles. Con el tiempo, estos errores se agravaron, causando el fin del imperio más poderoso del mundo.

Preguntas al final del capítulo

1. ¿Cuáles fueron las repercusiones a largo plazo de la batalla del bosque de Teutoburgo para las ambiciones territoriales de Roma en las regiones septentrionales?

2. ¿Hasta qué punto los relatos históricos y la cultura popular han mitificado el papel de Nerón durante el gran incendio de Roma?

3. ¿Cómo influyeron el intrincado diseño y las posteriores modificaciones del hipogeo del Coliseo en los acontecimientos y espectáculos celebrados en este emblemático anfiteatro?

Curiosidades

- Se cuenta que, tras la humillante derrota en el bosque de Teutoburgo, el emperador Augusto recorría ansioso los pasillos de su palacio gritando: «¡Quinctilio Varo, devuélveme mis legiones!».

- La legendaria historia de Nerón tocando el violín mientras Roma ardía no es del todo exacta porque el instrumento aún no se había inventado. Nerón tocaba la lira, pero los historiadores también discuten sobre la autenticidad de este relato.

- Los simulacros de batallas navales eran una de las atracciones más populares del primitivo Coliseo. Antes de que se construyera el hipogeo, todo el Coliseo podía inundarse para estos espectáculos.

Capítulo 5: Los errores de Mesopotamia

Mesopotamia es la progenitora de toda civilización. En muchos sentidos, la antigua metrópoli es la madre del mundo moderno. Mucho de lo que la gente considera parte de la sociedad actual tiene sus raíces en Mesopotamia. Los sumerios fueron de los primeros en desarrollar comunidades agrarias complejas que evolucionaron hasta convertirse en ciudades. Además, a menudo se menciona a los acadios, bajo el liderazgo de Sargón de Acad, como el primer imperio, ya que su éxito político y militar abarcó vastas regiones de Oriente Próximo. El lenguaje escrito surgió de la región, con los primeros pictogramas que más tarde se transformaron en la escritura cuneiforme. Sus innovaciones en arquitectura, irrigación, arte, cultura, religión y conquista moldearon la sociedad de forma tan intrínseca que resulta difícil imaginar un mundo sin sus aportaciones.

La creatividad y la innovación necesarias para abrir caminos hasta entonces inexplorados exigen una valentía temeraria. Adentrarse en lo desconocido sin una linterna o un mapa puede dar miedo, pero los curiosos y valientes allanaron el camino para la sociedad tal y como se conoce en la era moderna. A veces, lanzarse de cabeza vale la pena; otras, las consecuencias son terribles. La mayoría de las veces, se encuentra en algún punto intermedio, donde dar un paso provoca otras cadenas de circunstancias imprevistas. A través de los errores de los mesopotámicos, exploremos cómo el espíritu humano puede superar los obstáculos.

Mirando a través del telescopio de la historia, podrá desvelar cómo las civilizaciones surgen y caen como resultado de errores aparentemente pequeños o de cálculos erróneos. Además, observe cómo la grandeza puede derrumbarse a la nada por demasiada ambición. Siempre hay un pozo infinito de lecciones que se pueden desentrañar explorando los imperios caídos. Examinar a los primeros conquistadores revela mucho sobre la condición humana actual y los cambios que pueden realizarse en tiempo real para mejorar la calidad de vida en todo el mundo.

Mesopotamia es una fuente de triunfos y fracasos que desembocan en el mar que construyó el mundo globalizado de hoy. Al sumergirse en los desatinos de sumerios y acadios, se alza un espejo que refleja muchos de los defectos que los pueblos modernos comparten con sus antiguos antepasados. Las sociedades siguen derrumbándose y levantándose según las mismas líneas que antaño se exploraron a ciegas. Aunque se han transgredido algunas de las limitaciones del pasado, aún queda mucho por aprender. A medida que la sociedad cambia, muchos de los fracasos del pasado parecen resurgir. Profundizar en los fracasos catastróficos puede ayudar a comprender qué ideas, principios e ideologías son los más adecuados para impulsar a la sociedad por un camino favorable.

Zigurat de Borsippa, o la «Torre de Babel»

Existe una conexión innegable entre Mesopotamia y la narrativa bíblica. En las páginas del antiguo libro sagrado se hace referencia a Babilonia y se menciona por su nombre al rey Nabucodonosor II. Aunque muchos no consideran que la Biblia sea una autoridad absoluta, no se puede discutir razonablemente la importancia histórica de este libro que ha moldeado la cultura. Nabucodonosor II es un personaje destacado en el relato del profeta Daniel. Su papel en la destrucción de Jerusalén y su derrota del ejército egipcio se recogen en el Antiguo Testamento bíblico.

La Torre de Babel

Otra historia bíblica con la que se ha relacionado a Nabucodonosor II es la Torre de Babel. Génesis 11:1-9 narra la historia de cuando la humanidad hablaba una sola lengua. Según los pasajes bíblicos, la gente se reunió para construir una torre que llegara hasta el cielo. Sin embargo, a Dios no le gustó, así que confundió sus lenguas y ya no pudieron colaborar para lograr su objetivo. De este relato bíblico se pueden extraer algunos paralelismos con el Zigurat de Borsippa. Los zigurats son grandes pirámides escalonadas que se construyeron para honrar a diversos dioses en el antiguo Cercano Oriente. Uno de los zigurats más famosos del mundo se encuentra en la histórica ciudad de Borsippa.

El zigurat fue construido por el rey Nabucodonosor II y estaba dedicado al dios Nabu, hijo de Marduk. La cosa se pone interesante con el descubrimiento por Sir Henry Rawlinson de unos cilindros de arcilla que datan del año 600 a. C. (Eames, 2018). Las inscripciones de las tablillas de arcilla pueden haber sido encargadas por Nabucodonosor II. Esbozan cómo completó la Torre de Borsippa a partir del proyecto abandonado de un rey anterior que estaba construyendo la Torre de Babilonia, o como la Biblia la llama, La Torre de Babel. Como muchos conquistadores de su época, Nabucodonosor II buscaba constantemente formas de validar su liderazgo y asegurar que su nombre resonara en el futuro. A diferencia del rey olvidado que inició el proyecto, Nabucodonosor II sabía que tenía que dejar un monumento en pie a sus dioses para que su nombre siguiera siendo relevante a través de los tiempos.

Las inscripciones de Nabucodonosor II describen cómo la torre incompleta alcanzó los 42 codos antes de que se abandonara la obra. Por tanto, la construcción inicial de uno de los zigurats más significativos del mundo fracasó. El objetivo del rey anterior, que había iniciado la construcción, pudo haber sido construir un zigurat increíblemente enorme, pero sus planes demasiado ambiciosos no se realizaron debido al largo plazo de construcción y a los daños causados por el agua que sufrió la mampostería de arcilla. Es probable que la torre que construyó Nabucodonosor II fuera mucho más pequeña de lo previsto originalmente para evitar encontrarse con los mismos problemas de construcción del rey anterior. Esta inscripción se ha utilizado para relacionar la construcción de la torre original con el épico fracaso de la Torre de Babel en la Biblia.

Hay fuertes conexiones con el relato del Génesis. Por ejemplo, Nabucodonosor II explica cómo se abandonó el edificio sin que la gente que trabajaba en él dijera nada al respecto; ¿no es extraño? Hay una correlación entre la confusión de lenguas que facilitó el Dios bíblico y el hecho de que nunca hablaran de por qué abandonaron el proyecto. Tampoco se menciona el nombre del rey que inició la construcción, pero Nabucodonosor II señaló que el zigurat quedó desierto 42 años antes de que él lo terminara. Otra conexión interesante entre la Biblia y el zigurat es el nombre Borsippa, que puede traducirse por «lenguas» o «idiomas». La historia de la Torre de Babel habla de cómo se desarrollaron todas las lenguas de la nación cuando Dios confundió las lenguas de todos los que trabajaban en su construcción. Esta línea que atraviesa la Biblia y Mesopotamia indica que la antigua civilización pudo ser decisiva en el desarrollo de las creencias abrahámicas.

Las ruinas del zigurat siguen en pie, pero han sufrido graves daños a lo largo del tiempo debido a las guerras, el clima y los saqueos. Algunas de las innovaciones que introdujo Nabucodonosor II para asegurarse de que el zigurat no sufriera el mismo destino que en el pasado fue el uso de fuego intenso para calentar los ladrillos de arcilla de algunas partes del edificio, de modo que se fundieran y fueran más resistentes al agua.

Estos cambios estructurales dieron en cierto modo sus frutos porque el edificio duró al menos todo el reinado del rey. Aunque se introdujeron mejoras y el proyecto se completó, no era en absoluto perfecto. El betún y la estera de juncos utilizados para estabilizar y reforzar el núcleo de la estructura provocaron una combustión espontánea que engulló gran parte del lugar sagrado. En el siglo IV a. C., los persas conquistaron Borsippa y destruyeron muchos de los templos de la ciudad, incluido el zigurat dedicado a Nabu. Finalmente, Alejandro Magno acabó con la ciudad en un saqueo del que nunca se recuperó.

Los materiales de construcción, la ambición y los plazos de construcción eran cuestiones importantes en el mundo antiguo. Hoy en día, las ruinas ofrecen un gran valor histórico y un tesoro arqueológico, dando a la humanidad una visión de la civilización más antigua del mundo. La finalización del proyecto por Nabucodonosor II, corrigiendo los errores de su antiguo predecesor, demuestra lo mucho que se avanzó en ingeniería y arquitectura desde que la civilización empezó a florecer hasta su apogeo. A través del ensayo y error, las personas aprenden y mejoran lo que les precedió. En el caso de Nabucodonosor II, construyó literalmente sobre los fracasos de las generaciones anteriores, sin dejar de honrar sus intentos mediante sentidas inscripciones.

Borsippa era un mercado lleno de todo tipo de artesanos cualificados. No habrían podido desarrollarse al alto nivel por el que eran respetados sin que se hubieran cometido algunos errores. Borsippa enseña al mundo que construir algo grande lleva tiempo y que se superarán muchos obstáculos. Además, el templo de Nuba se construyó sobre los cimientos de una estructura iniciada décadas antes, lo que es una representación literal y simbólica de cómo la sociedad se construye sobre los errores de sus precursores. Los lazos bíblicos sirven además para resaltar la interconexión de varias culturas. En la narración bíblica se destaca a Babilonia como enemiga del pueblo elegido de Dios, pero la cultura mesopotámica sin duda configuró gran parte del modo de vida israelita. Esto sirve de nuevo para subrayar otra paradoja del conflicto que trae consigo la asimilación y la aculturación.

La conquista acaba con el Imperio: El rey Sargón de Acad

El afán de conquista es un tema común en el fracaso de los antiguos conquistadores. Como jefe del primer imperio, Sargón de Acad inventó aquella tendencia. Sargón de Acad tuvo una vida mitologizada similar a la de Moisés en la Biblia. El hecho de que el mito suene tan parecido a la historia vital de los legisladores israelitas puede ser una coincidencia, pero teniendo en cuenta la región y la realidad de que estas culturas interactuaban, no sería extraño que estos motivos se tomaran prestados unos de otros. El gobernante nació de una madre sacerdotisa que lo envió río abajo, donde fue encontrado y criado por trabajadores comunes. Más tarde, Sargón conocería a la diosa Ishtar, quien lo guio amorosamente durante toda su vida. Probablemente, esta historia se elaboró como propaganda para justificar el derecho del rey a gobernar. En estas sociedades antiguas, no existía la democracia y el liderazgo era un derecho de nacimiento, por lo que elaborar una historia milagrosa y mística hacía maravillas para que la población aceptara un gobierno.

Rey Sargón de Acad

Los acadios estudiaron con los sumerios y aprendieron muchas de sus costumbres. Tanto los sumerios como los acadios vivían en Mesopotamia, por lo que sus intercambios culturales eran de esperar. Los florecientes sumerios, que habían desarrollado la escritura, mitologías complejas, el zodiaco más antiguo compilado por hábiles astrónomos, e introducido innovaciones agrícolas, enseñaron a los acadios los entresijos de su civilización, lo que se vio recompensado por el ascenso de los acadios como rivales suyos. Sargón comenzó su carrera política como copero del rey de Kish, al que acabó derrocando. Gobernó las ciudades-estado de Ur y Uruk, desde las que conquistó gran parte de Mesopotamia, instalando a sus gobernadores. Derrotó a Lugalzagesi de Sumer, y se esculpió una inscripción en la que se jactaba de sus 34 victorias en batallas decisivas en el golfo Pérsico. En su apogeo, desde su ciudad central de Akkad, el imperio acadio controlaba la zona que comprende la actual Turquía central, Siria, Irak y partes de Irán.

El imperio de Sargón duró unos dos siglos, lo que está bien para ser el primer imperio, pero poco en comparación con otras famosas naciones conquistadoras. El defecto de Sargón fue que pensó en el poder, la gloria y la expansión en lugar de en la sostenibilidad a largo plazo. El Imperio acadio terminó abruptamente: se abandonaron todas las zonas posibles de la región debido a los cambios climáticos que provocaron sequías extremas. Las ciudades fundadas bajo el mandato de Sargón y heredadas por sus hijos se extinguieron tras la invasión de los gutianos. Como imperio, estar mal preparado para el cambiante entorno natural causará la desaparición. El mundo natural es tan importante, si no más, que el poder político y militar porque sus recursos hacen crecer su economía, y una vez que se desestabilizan, *todo lo demás no tardará en seguirles.*

El imperio de Sargón tuvo éxito mientras vivió debido a las condiciones favorables en las que conquistó. Un clima asombroso dio lugar a un excedente agrícola en toda Mesopotamia. El clima favorable, los abundantes recursos y las valiosas habilidades permitieron a Sargón construir un imperio rico y próspero. Además, Sargón saqueó las riquezas de las tierras que conquistaba, contribuyendo así al creciente poder del imperio. Sin embargo, Sargón construyó un sistema imperial que no era resistente. A diferencia de los posteriores romanos, que fueron capaces de reinventar el imperio continuamente durante 1.000 años, cuando las dificultades golpearon al Imperio acadio, éste se desmoronó.

El cambio climático provocó una sequía que destruyó la rica agricultura de la que dependía el imperio para mantenerse. Esto provocó el abandono de muchas ciudades en busca de pastos más verdes. Además, los disturbios y la hambruna provocaron inestabilidad política y luchas internas que deterioraron el imperio y permitieron a los invasores extranjeros hacerse con el poder. El imperio acabó disolviéndose en dos secciones en las décadas siguientes: el Imperio asirio y el Imperio babilónico, también mencionado en la narración bíblica. En la antigüedad, esta zona del planeta estaba llena de desarrollo y sigue cautivando la imaginación de miles de millones de personas en todo el mundo. Cuanto más se estudian los detalles de Mesopotamia, más sentido tienen las acciones de las civilizaciones de la era moderna, y también se hacen más evidentes sus crecientes fracasos. Para evitar que las sociedades actuales se encuentren con finales similares, es esencial realizar los ajustes necesarios para apartarse del destructivo modelo del pasado.

Sargón no consiguió diversificar la riqueza de su imperio, aunque facilitó el comercio hasta la India. Su dependencia de la agricultura para mantener su civilización fue un descuido para el cual Sargón no tuvo la información necesaria para poder predecir. Hay que recordar que Sargón fue uno de los primeros conquistadores, por lo que no disponía de muchos modelos en el que basarse. Las ambiciones expansionistas requieren planificación y visión a largo plazo. Se necesitan planes de contingencia sobre cómo alimentar al imperio en tiempos de sequías y otros desastres naturales. El colapso relativamente rápido del imperio demostró la dificultad de gobernar vastas tierras, especialmente en tiempos de escasez. La desunión del imperio no tardó en hacerse patente una vez finalizada la era de la leche y la miel.

El riego sumerio envenena el suelo

Sumeria fue una cultura agraria que dio saltos de innovación en la agricultura. Como una de las primeras civilizaciones, las prácticas agrícolas de los sumerios inspirarían a las sociedades durante siglos. Los antiguos mesopotámicos se enfrentaban a algunos problemas a medida que crecía la población. La gente se asentó en los montes Zagros, donde llovía con regularidad. Sin embargo, el terreno accidentado significaba que había poca tierra cultivable, lo que se hizo evidente a medida que crecía la población. Por ello, muchos optaron por vivir en las llanuras a lo largo de los ríos Tigres y Éufrates. Había espacio para asentamientos y cultivos, y el terreno llano era más fácil de trabajar que las escarpadas colinas que habitaban antes.

Con el tiempo, la población se trasladó a los montes Zagros

Vivir en las llanuras significaba mucha más tierra para mantener a la población. Sin embargo, esto conllevaba sus propios problemas. Las llanuras estaban secas la mayor parte del año, por lo que la tierra era incultivable. Las inundaciones estacionales proporcionaban el agua que necesitaban los agricultores, pero también podían ser devastadoras en ocasiones porque el volumen de agua que traían era a veces abrumador. Esto motivó a los mesopotámicos locales a empezar a innovar. Construyeron muros de tierra y diques a lo largo del río, con pequeños agujeros para dejar salir parte del agua. De este modo, podían controlar el flujo de agua en sus tierras de cultivo.

Más tarde, a medida que la población crecía, sus métodos de irrigación se hicieron más sofisticados. Los sumerios construyeron presas y canales para distribuir uniformemente el agua que necesitaban para la agricultura. Los sistemas de riego llegaron a ser tan grandes que los pequeños colectivos de agricultores ya no podían mantener el sistema, cada vez más complejo. Por lo tanto, se introdujeron estructuras de gobierno y organización para ayudar a los agricultores a trabajar juntos para mantener el proyecto masivo. A partir de estos inicios agrícolas, Mesopotamia desarrolló múltiples ciudades amuralladas que darían lugar a innovaciones que cambiarían la cultura, como la escritura, y desarrollarían mitologías que influirían en las religiones durante milenios.

Aunque los sistemas de irrigación de Mesopotamia fueron en parte responsables de su crecimiento como cuna de la civilización, sus prácticas agrícolas acabaron provocando su caída. Los sistemas de aguas subterráneas de las presas y canales fueron depositando sal en el suelo. Con el tiempo, los efectos empezaron a hacerse patentes, ya que los agricultores tuvieron que cambiar el trigo por la cebada, porque ésta podía sobrevivir mejor en el suelo salinizado. Alrededor del 70 % de la tierra que en formaba en Mesopotamia está salinizada (Abdullah et al., 2020). Alrededor del 4 % está gravemente salinizada, mientras que el 20 % está ligeramente salinizada y el 50 % moderadamente salinizada (Abdullah et al., 2020). Por lo tanto, la integridad del suelo se vio alterada de forma permanente e irreversible.

Con el tiempo, el suelo salinizado ya no podía sustentar suficientes cultivos para la población local. Los agricultores dependían de los excedentes de las cosechas para comerciar, pero ahora los productos agrícolas predominantes que sostenían la economía se habían derrumbado. A medida que la seguridad alimentaria y el bienestar económico de la antigua civilización caían, también lo hacía su poder político y militar. La vulnerable sociedad, incapaz ahora de mantenerse o defenderse, cayó ante fuerzas externas, lo que supuso el fin de la antaño poderosa sociedad sumeria.

Aunque sus sistemas de irrigación estaban muy adelantados para su tiempo, los sumerios seguían teniendo algunos puntos ciegos. Sus problemas de agua estaban resueltos, pero no comprendían algunos de los entresijos químicos de las actividades en las que participaban. El suelo salino es ácido, por lo que no muchas plantas pueden sobrevivir en él, de modo que la producción de los cultivos disminuirá significativamente. Las prácticas de irrigación se prolongaron durante décadas, por lo que año tras año hicieron que una mayor parte de sus tierras fueran incultivables. Una vez más, las circunstancias imprevistas sirven para derribar imperios. Las lecciones que se pueden extraer de las innovaciones y los errores en el riego de Sumeria y de Mesopotamia en general son que siempre se debe investigar a fondo antes de actuar y que las sociedades no deben diseñar sus economías desde una óptica estrecha.

Al igual que muchas poderosas naciones antiguas, los mayores errores de Mesopotamia se debieron a la falta de planificación y previsión. Los gobernantes poderosos no se lanzan voluntariamente de cabeza a la insensatez; sin embargo, el éxito y el fracaso se ocultan en los detalles que son fáciles de pasar por alto.

Preguntas al final del capítulo

1. ¿En qué difirieron el diseño y los objetivos estructurales del Zigurat de Borsippa de su resultado real, y cómo influyó esto en las narrativas culturales a lo largo del tiempo?

2. ¿De qué manera los esfuerzos del rey Sargón por unificar y expandir su imperio contribuyeron a su fragilidad y eventual fragmentación?

3. A pesar de su éxito inicial, ¿de qué manera las revolucionarias técnicas de irrigación de los sumerios provocaron problemas agrícolas a largo plazo?

Curiosidades

• La Torre de Babel suele citarse como un relato bíblico, pero muchas culturas desarrollaron mitos similares. En última instancia, la historia resume el peligro de ser demasiado ambicioso.

• Una de las historias más antiguas sobre el rey Sargón de Acad, uno de los primeros constructores de imperios de la historia, es el de un bebé flotando en una cesta en el río. El relato comparte muchas similitudes con la historia del patriarca bíblico Moisés.

• La escritura cuneiforme es una de las formas más antiguas de escritura que evolucionó a partir de los pictogramas. Los sumerios desarrollaron la escritura a partir de iteraciones más antiguas, utilizando símbolos parecidos al concepto comunicado.

Capítulo 6: Catástrofes chinas

Ahora, dirijámonos a China para vivir una emocionante aventura y ser testigos de los graves descuidos que empañaron su ilustre pasado. Nunca adivinará la historia que se esconde detrás de ciertos monumentos como la Gran Muralla china y la sangre, el sudor y las lágrimas que se emplearon en su construcción. Otras anécdotas interesantes de la historia china son tan extrañas que se diría que son el argumento de una película. ¿Sabía que hubo un emperador chino que hizo todo lo posible por ser inmortal?

Este capítulo destaca algunas de las mayores y más extrañas meteduras de pata de la historia china.

La Gran Muralla china

La Gran Muralla china es uno de los monumentos más antiguos e impresionantes del mundo. Mide más de 25 pies de altura, se extiende a lo largo de 13.000 millas y tardó más de 2.000 años en terminarse. Hoy es uno de los monumentos más importantes del mundo, y millones de turistas viajan de todas partes para contemplar esta antigua obra maestra.

La Gran Muralla china

Foto de CEphoto, Uwe Aranas:

https://commons.wikimedia.org/wiki/File:Badaling_China_Great-Wall-of-China-01.jpg

Esta muralla se construyó para proteger al Imperio chino de los enemigos que querían invadirlo y destruirlo. Sin embargo, fue un fracaso total y absoluto que costó al imperio más de lo que valía.

Cuando contemple la Gran Muralla, probablemente se asombrará por su estilo único y su enorme tamaño. Sin embargo, tal vez no sepa que se construyó sobre los cadáveres de sus obreros. Se cree que 400.000 hombres murieron durante la construcción de la muralla, mientras que otros creen que la cifra supera el millón, y todos fueron enterrados bajo la muralla. Se dice que los restos humanos podrían llenar la mitad de los ataúdes del país. Por eso se describe como uno de los cementerios más grandes del mundo. Se cree que los cuerpos fueron enterrados bajo el muro o cerca de él, pero no dentro, ya que los cuerpos descompuestos habrían comprometido su integridad.

Esto lleva a preguntarse por qué se enterró a estas personas bajo el muro. El gobierno debería haber entregado los cuerpos de los soldados y los campesinos a sus familias para darles un entierro digno, ¿verdad? Pues bien, la respuesta a esta pregunta es muy inquietante. Los restos se utilizaban para rellenar los huecos entre la muralla y las piedras para reforzar la estructura. También se consideraban un sacrificio a los dioses, para que bendijesen y protegiesen la muralla.

La construcción de la muralla comenzó bajo el reinado del emperador Qin Shi Huang. No reparó en gastos para hacer realidad su visión. Por desgracia, algunos de esos gastos fueron vidas humanas. El emperador obligó a condenados, enemigos capturados, esclavos, soldados y campesinos a construir la muralla. Como todos los recursos del Imperio se destinaron a la construcción de la muralla, mucha gente tuvo que luchar para llegar a fin de mes. La pobreza, el hambre y las enfermedades se extendieron entre el pueblo chino. Los trabajadores tenían que soportar condiciones duras y crueles y cobraban muy poco.

Entonces, ¿valió la pena la Gran Muralla china tras todas estas pérdidas?

Antes de la construcción de la muralla, el Imperio chino estaba constantemente amenazado por mongoles, turcos, xiongnu y otros. Los emperadores hicieron todo lo que estuvo en su mano para proteger la frontera, como lanzar múltiples expediciones militares y comprar a los bárbaros. Sin embargo, los ataques no cesaban. Sólo les quedaba una opción: construir una poderosa barrera para proteger la ciudad. Crearon una obra maestra y mostraron al mundo el genio de la ingeniería, la riqueza y la pericia arquitectónica de China. Sin embargo, esto es todo lo que fue. La muralla no era la estructura invencible que esperaban. No era impenetrable y, en muchas ocasiones, no consiguió proteger al imperio.

Muchos de sus enemigos (como Gengis Kan) lograron encontrar los puntos vulnerables de la muralla, lo que les permitió lanzar múltiples ataques contra la ciudad. En 1002, los tanguts también consiguieron cruzar la muralla cuando los guardias no estaban atentos. Este incidente arrojó luz sobre uno de los principales puntos débiles de la muralla: sus guardias. Por muy fuerte que sea una fortificación defensiva, no puede proteger la frontera sola.

Hubo otras ocasiones a lo largo de la historia que mostraron cómo los hombres fallaron a la hora de vigilar el muro. El mayor error en la historia de la muralla tuvo lugar en 1644, cuando un general chino abrió las puertas y dejó entrar a las fuerzas manchúes. La dinastía Ming gobernaba en aquel momento. Llevaban dos siglos luchando contra los mongoles y no tenían fuerzas ni recursos para entrar en otra guerra. Los Ming se rindieron a los manchúes y pusieron fin a su dinastía, con lo que el muro fue un fracaso. De hecho, en el siglo XIX, muchos chinos creían que la muralla era un costoso error estratégico. Muchos la veían como un símbolo de opresión y muerte.

Nadie puede negar que la Gran Muralla china es un hito espectacular y un testimonio de la fuerza, determinación y capacidad del pueblo chino. Sin embargo, siempre será un recordatorio de todas las vidas que se perdieron y de su fracaso a la hora de lograr su propósito.

Entonces, ¿valió la pena todo el dinero y las vidas que se perdieron para construir la Gran Muralla china?

La obsesiva búsqueda de la inmortalidad del emperador Qin Shi Huang

Si pudiera elegir, ¿querría vivir para siempre? Qin Shi Huang, el cerebro de la Gran Muralla china, estaba obsesionado con la inmortalidad. Irónicamente, esta obsesión acabó con su vida.

Nacido en el año 259 a. C., Qin Shi Huang fue uno de los emperadores más importantes de la historia de China. Su padre era el rey de Qin y, tras su muerte, Huang ocupó su lugar a la edad de 13 años. En aquella época, China estaba dividida en siete ciudades. Huang era duro, fuerte y decidido. Unificó el país para convertirlo en una nación poderosa y se convirtió en su primer emperador.

El emperador Qin Shi Huang fue uno de los emperadores más importantes de la historia de China

Se las arregló para lograr mucho durante su corto tiempo como gobernante. Construyó canales, carreteras y la Gran Muralla china. Curiosamente, se le recuerda más por su obsesión con la inmortalidad que por todo lo que logró.

Qin Shi Huang creía que existía una poción mágica que podía concederle la inmortalidad. Incluso destinó un ejército de 8.000 hombres a recorrer todo el país para encontrarla. Huang creía que su dinastía duraría miles de años, y quería vivir para hacer realidad su sueño.

Envió a sus hombres al mar del Este en busca del elixir de la vida, pero no lo encontraron. Así que solicitó la ayuda de los magos de la corte y les pidió que le prepararan una poción que le concediera la inmortalidad.

Mucha gente no apreciaba la obsesión de Huang, como los eruditos confucianos, que consideraban la búsqueda del emperador una locura y una pretensión.

Huang era más protector con su vida que cualquier otro gobernante. Siempre tenía guardias que lo protegían, mantenía sus movimientos en secreto y construía pasillos y muros para ocultarlo de la mirada pública y protegerlo de los malos espíritus.

Huang tenía una buena razón para estar obsesionado con la inmortalidad. Dirigió su ejército en varias conquistas, muchas de las cuales acabaron en masacres. Temía que los espíritus de sus víctimas se vengaran de él en el más allá. También quería vivir eternamente para hacer realidad su sueño de una dinastía duradera, por lo que la muerte no era una opción. Huang llegó a prohibir cualquier conversación sobre la muerte en su presencia. A muchos incluso les aterrorizaba pronunciar la palabra delante de él.

Huang no fue el primer gobernante obsesionado con la inmortalidad. De hecho, muchos de sus antepasados compartían la misma pasión. En el año 400 a. C. circulaba el rumor de que unos hombres habían encontrado el secreto de la inmortalidad y se habían liberado de la muerte. Los reyes de la época estaban muy interesados en esta historia, y muchos se obsesionaron con permanecer en el poder para siempre.

En el año 320 a. C., unos hombres enseñaron el arte de la inmortalidad a los reyes. Cuando estos hombres morían, los reyes se enfurecían por no haberlo aprendido todo de ellos antes de fallecer. Curiosamente, no se dieron cuenta de que los estaban engañando. Si estos hombres tenían el secreto de la inmortalidad, ¿por qué murieron?

Uno de los antepasados de Huang, Qin Shihuang, también perseguía la inmortalidad y creía que permanecería en el poder para siempre. Al igual que Hunag, se pasó la vida buscando una poción y creyó todas las locuras que le contaban sus alquimistas y magos. Muchos de ellos creían que el mercurio era encantador. El elemento les parecía fascinante y misterioso e incluso lo llamaban el «elixir de la inmortalidad».

En 2002, unos arqueólogos descubrieron documentos antiguos que demostraban que Huang había emitido un decreto gubernamental a todas las aldeas, exigiéndoles que le encontraran el elixir de la vida. Algunos de ellos incluyen correspondencia entre él y los gobernantes de las aldeas. Un documento revelaba que los habitantes de una ciudad llamada Duxiana buscaban la poción por todas partes, pero no la encontraban. Otro gobernador le envió una carta diciendo que habían encontrado una hierba en una montaña del este de China que era similar al elixir de la vida. Está claro que sus gobernadores y su pueblo se tomaron en serio su petición.

Estos documentos reflejan el poder, el liderazgo y la fuerza de Huang. En la antigüedad, se debía tener una fuerza ejecutiva fuerte y una alta administración para emitir un decreto gubernamental.

Se cree que Huang consumió una poción de mercurio, creyendo que le otorgaría la inmortalidad. En aquella época no sabían que el mercurio era venenoso. Irónicamente, la poción que Huang creía que prolongaría su vida la acabó a los 49 años. Su muerte provocó una guerra civil, la muerte de su hijo y el colapso de la dinastía Qin.

Aunque Huang no consiguió la inmortalidad, quería estar preparado y equipado para la otra vida. Sabía que podría fracasar en la búsqueda del elixir de la vida y planeó su muerte y entierro. Construyó un mausoleo donde sería enterrado y pasaría la eternidad. También creía que necesitaría un ejército en la otra vida para protegerse de los malos espíritus, así que hizo que sus hombres construyeran 670 caballos, 130 carros y 8.000 soldados de terracota. Cada soldado de terracota tenía rasgos distintivos, medía 1,80 metros y pesaba unos 90 kilos.

La construcción del mausoleo comenzó cuando Huang tenía sólo 14 años, su miedo y obsesión por la muerte empezaron a una edad temprana. Los gobernantes de la época planeaban su entierro durante el segundo año de su reinado.

Uno no puede evitar preguntarse si ésta es la historia de un hombre consumido por el poder y la codicia hasta tal punto que no quería morir nunca o la de un joven asustado que se aferraba a la vida *porque no sabía lo que le esperaba al otro lado.*

Las catastróficas consecuencias del Gran Canal

Construido en el siglo V, el Gran Canal es el río artificial más largo del mundo y conecta cinco de los principales sistemas hídricos de China. El canal también tuvo una enorme importancia histórica, ya que conectaba el norte con el sur y reforzaba el gobierno central del Imperio. La parte norte del país sufría a menudo muchos problemas, como la sequía. El canal suministraba alimentos y agua al norte desde el sur, lo que abrió una línea de comunicación entre ambas regiones y propició el intercambio cultural. Gracias a esta maravilla de la ingeniería, la economía de todas las pequeñas ciudades al otro lado del río floreció y prosperó. Parece que el canal resolvió básicamente todos los problemas de China, ¿verdad? Con el tiempo, el canal consiguió desafiar su propósito y extendió la hambruna y la sequía por todo el país.

Muchas cosas iban en contra del canal desde el primer día. Por ejemplo, su entorno geográfico fue una de las principales razones de su declive. El gobierno quería ahorrar recursos y mano de obra, así que, durante la construcción, recurrió a lagos y ríos naturales y excavó artificialmente tramos de los ríos. Esto afectó al suministro de agua en muchas zonas, y la población sufrió sequías.

La dinastía Ming tuvo que encontrar rápidamente una solución al problema. Así que idearon un plan para hacer que los manantiales de la montaña Yuquan fluyeran hacia el río Huitong para aumentar el suministro de agua. Sin embargo, este plan resultó contraproducente. Redujo la conservación del agua del sistema de riego y no resolvió el problema de la sequía.

El río fluía de oeste a este y se cruzaba con el canal, que iba de norte a sur. La gente esperaba que esto aumentara los recursos hídricos del canal; sin embargo, tuvo el efecto contrario. Impidió que los ríos drenaran hacia el oeste, provocando inestabilidad en el canal. Esto provocó desbordamientos e inundaciones en distintas partes de la región, que causaron desastres como el hundimiento de barcos.

El problema persistía, y los niveles de agua eran extremadamente bajos durante la temporada de inundaciones. El aumento del suministro de agua seguía causando problemas en el Gran Canal, el lago Hongze y los ríos Amarillo y Huai.

En el siglo XVI, dividieron los canales del río Amarillo en otros más pequeños para distribuir el agua entre muchas regiones. Sin embargo, este plan tampoco funcionó y causó más daños al aumentar la sedimentación y ralentizar el río.

Durante el gobierno de la dinastía Qing, las partes bajas del río Amarillo se obstruían. Durante la época de crecidas, el lodo del río Amarillo se vertía en el canal y en el lago Hongze. Esto colmataba el lago Hongze y bloqueaba el puerto de embarque. Parecía que todas las soluciones que se les ocurrían resultaban contraproducentes.

Otros factores también contribuyeron a dañar el Gran Canal. Las dinastías Ming y Qing hicieron muchas mejoras en el canal. Sin embargo, sólo se centraron en el aspecto del transporte e ignoraron la planificación de la gestión a largo plazo del canal. Por ejemplo, excavaron 430 metros cúbicos para el suministro de agua, lo que solucionó el problema del entarquinamiento a corto plazo. Al cabo de un tiempo, se destruyó el equilibrio de circulación del agua, lo que afectó al suministro de agua.

Los Ming y los Qing sólo se preocupaban por el comercio y la economía. Su única prioridad en relación con el canal y el río Amarillo era el transporte de agua. Ignoraron las necesidades y el sustento de la población. Su último recurso fue utilizar el río Amarillo para aumentar el suministro de agua del canal. Sin embargo, como todos sus otros planes, éste duró poco y causó enormes daños.

Todos los problemas a los que se enfrentó el canal se debieron principalmente a la política. Durante los periodos de Yongzheng y Qianlong, el gobierno invirtió muchos recursos para que el canal funcionara correctamente, pero sólo durante un corto periodo de tiempo.

Durante el periodo Qianlong, la corrupción afectó a todos los aspectos del país, incluida la administración del curso de agua.

El gobierno Qing invirtió mucho dinero en el canal para garantizar su óptimo funcionamiento. Sin embargo, los administradores que trabajaban en el curso de agua eran conocidos por robar ese dinero. Inventaban gastos e informes falsos, aumentando el coste final del proyecto y llevándose el resto del dinero a sus bolsillos. Como el dinero no se destinaba al mantenimiento del canal, su estado empeoraba, provocando frecuentes catástrofes.

Esto llevó al gobierno a cambiar con frecuencia a los administradores. No sólo eran corruptos, sino también incompetentes. Todos estos factores causaron graves daños al canal.

Finalmente, el gobierno se centró en el transporte marítimo y dejó que el canal fuera un suministro de agua para el pueblo.

La Gran Muralla china tiene una historia muy triste que contradice su grandiosa apariencia. Se construyó sobre los hombros de los pobres, que renunciaron a sus vidas para crear una fortificación que protegiera a su país. Sin embargo, la muralla fue un fracaso, pero logró convertirse en un famoso monumento que aporta al país millones de dólares en turismo cada año.

La historia del emperador Huang es más triste de lo que parece. Cuando uno lleva desde niño preparando su muerte y su entierro, ¿no estaría también obsesionado con la inmortalidad?

La catástrofe del Gran Canal fue el resultado de una mala planificación y de la corrupción política. Durante años, todos los planes que hicieron para solucionar los problemas tuvieron el efecto contrario. Por desgracia, en todas estas historias, sólo los pobres pagaron el precio.

Preguntas al final del capítulo

1. Aunque la Gran Muralla sigue siendo una maravilla arquitectónica, ¿de qué manera su construcción y mantenimiento pusieron al descubierto las vulnerabilidades de la estrategia y la gobernanza chinas?

2. ¿Cómo aceleró irónicamente su muerte la ferviente búsqueda de la vida eterna del emperador Qin Shi Huang, y qué implicaciones tuvo para la dinastía Qin?

3. ¿De qué manera las primeras fases de construcción del Gran Canal mejoraron y socavaron el tejido socioeconómico de la antigua China?

Curiosidades

- A pesar de su fama como estructura singular, la «Gran Muralla» no es continua. Es un conjunto de murallas y fortificaciones construidas por diversas dinastías a lo largo de siglos, a menudo sin interconexión entre sí.

- Los guerreros de terracota que custodian la tumba del emperador Qin Shi Huang se pintaron originalmente con colores vibrantes, pero la mayor parte de la pintura se descascarilló a los pocos minutos de la excavación de las estatuas debido a la exposición al aire.

- El Gran Canal, a pesar de su turbulento pasado, sigue siendo el canal más largo y antiguo del mundo. Su existencia a lo largo de milenios demuestra la resistencia de China y su capacidad para adaptarse e innovar a pesar de las adversidades.

Capítulo 7: Ineptitudes indias

Cuando piensa en la India, ¿qué le viene a la mente? Probablemente piense en el Taj Mahal, el yoga, comida deliciosa y una cultura asombrosa. No se puede negar que la India tiene una cultura rica y fascinante. Sin embargo, algunos errores garrafales en la historia del país harán que sienta más curiosidad por la India.

En este capítulo descubrirá fallos clave en la historia de la India antigua, empezando por el misterioso declive de la ciudad de Mohenjo-Daro, en el valle del Indo, la leyenda del gran rey Harsha y el desafortunado final de la Universidad de Nalanda.

El misterioso declive de la ciudad de Mohenjo-Daro en el valle del Indo

El valle del Indo (también llamado la *Civilización Harappan*) fue una antigua civilización del norte de la India entre el 7000 y 600 a. C. Harappa fue una de sus ciudades más grandes y la primera que descubrieron los arqueólogos, por lo que pasaron a denominarla civilización Harappan y a su pueblo, los Harappanos.

Fue una de las culturas antiguas más influyentes del mundo, e incluso puede compararse con Mesopotamia y el antiguo Egipto. Controlaba muchas regiones, como el actual norte de la India, la frontera iraní con Pakistán. Sin embargo, se cree que podría haber abarcado aún más países. Una de las ciudades más populares del valle del Indo es Mohenjo-Daro, que se traduce como «Montículo de los hombres muertos», y fue uno de los mayores asentamientos de la civilización.

Mohenjo-Daro era una de las ciudades más avanzadas

Mohenjo-Daro fue una de las ciudades más avanzadas de la época y se adelantó a su tiempo con su planificación urbana. Aunque se construyó alrededor del río Indo y la lluvia era bastante común en la zona, los harappanos no sólo dependían del agua superficial y de su clima. Construyeron pozos privados y públicos para que toda la población tuviera acceso al agua durante todo el año. El edificio más grande de la ciudad era el Gran Baño, que incluía una suave pendiente para drenar el agua fuera del baño y hacia un sistema de drenaje muy intrincado.

Los desagües se colocaban bajo tierra y se diseñaban de modo que pudieran extraerse fácilmente si era necesario inspeccionarlos. Todas las casas tenían cuartos de baño con sistema de desagüe. La ciudad también contaba con un sistema de alcantarillado desarrollado, desagües para recoger el agua de lluvia y grandes alcantarillas para almacenar el agua sobrante.

La ciudad se construyó en poco tiempo. Se construyeron sistemas de pozos, alcantarillado y suministro de agua para abastecer a los habitantes de la ciudad. De hecho, los arqueólogos encontraron 700 pozos sólo en

Mohenjo-Daro, con sistemas de baños y desagües. Mohenjo-Daro destacaba por su interesante arquitectura y edificios que cubrían 741 acres.

La ciudad del valle del Indo era floreciente. Tenía una población de unas 60.000 personas y cientos de asentamientos. Por eso el declive de esta rica civilización siempre ha sido desconcertante. En el año 2.500 a. C., la población empezó a emigrar y a abandonar sus hogares. La civilización que antaño contaba con algunas de las ciudades más grandes y desarrolladas de la época se transformó en pequeñas aldeas. En 1.800 a. C., la civilización del valle del Indo desapareció, incluidos sus dos mayores asentamientos, Harappa y Mohenjo-Daro, ¡e incluso sus pueblos agrícolas fueron abandonados!

Los arqueólogos descubrieron que los habitantes del valle del Indo solían comerciar con Mesopotamia, pero dejaron de hacerlo con el declive de la civilización. Los baños y el sistema de drenaje por los que era famosa Mohenjo-Daro quedaron bloqueados, y la escritura en la pared desapareció.

Entonces, ¿cómo se produjo el repentino declive de la ciudad del valle del Indo? ¿Qué llevó a los habitantes de una ciudad desarrollada y poderosa a abandonarla a ella y a su civilización? Bueno, los historiadores tienen algunas teorías que pueden ayudar a resolver este misterio.

El cambio climático

El cambio climático es una de las teorías más populares detrás del declive de la ciudad del valle del Indo. El río Saraswati era el río más importante de la ciudad y uno de sus principales suministros de agua. Aunque pequeño, se consideraba un río sagrado y significaba mucho para la población. Se cree que se secó en 1.900 a. C., debido al cambio climático. Sin embargo, otros expertos creen que hubo una gran inundación que obligó a la gente a huir de sus hogares.

La sequía, las inundaciones, la deforestación o cualquier otro cambio medioambiental provocado por el río podrían haber causado graves consecuencias como enfermedades, inanición y pérdida de cosechas. Los arqueólogos también han encontrado pruebas que sugieren que muchas personas murieron de enfermedades graves, como la malaria, causada por mosquitos. La pérdida masiva de vidas podría haber afectado a la sociedad y la economía de la civilización.

También se cree que el cambio climático trajo consigo fuertes lluvias, vientos y monzones. Aunque los monzones podían causar graves destrozos, beneficiaban enormemente el crecimiento de los cultivos. La agricultura floreció, lo que llevó al desarrollo de sus principales ciudades, Harappa y Mohenjo-Daro. La población pasó a depender de los monzones estacionales en lugar de la irrigación. Sin embargo, cuando el clima cambió y los monzones cesaron, las fuentes de agua se secaron y el clima se volvió más seco y frío. Los arqueólogos creen que esto provocó un acontecimiento tectónico que cambió el curso del río hacia la llanura del Ganges. Es posible que la población del valle del Indo abandonara sus hogares y se asentara en la llanura del Ganges, donde construyó aldeas y se dedicó a la agricultura.

Las cosas cambiaron para ellos cuando se trasladaron de las grandes ciudades a una vida más sencilla en pequeñas aldeas. No pudieron producir tantos cultivos como en Harappa y Mohenjo-Daro, por lo que no pudieron seguir comerciando con grandes civilizaciones como Mesopotamia y el antiguo Egipto. En 1.700 a. C., el impacto de todos estos acontecimientos provocó el declive y el colapso de la civilización del valle del Indo.

La invasión aria

Otra teoría sugiere que el colapso de la civilización del valle del Indo se debió a una invasión. Algunos estudiosos creen que hubo un grupo nómada europeo llamado arios que atacó y conquistó la ciudad del valle del Indo. Esta teoría se basa en descubrimientos arqueológicos en los que se encontraron cadáveres insepultos en Mohenjo-Daro. Estaban llenos de múltiples heridas, lo que lleva a los arqueólogos a creer que fueron víctimas de la guerra.

Los harappanos eran gente pacífica a la que no le importaba la guerra. No tenían armas ni mucha experiencia en la lucha. Los arios, en cambio, eran hábiles luchadores con un arsenal de armas avanzadas y un ejército formado por algunos de los hombres más fuertes de la región. Se aprovecharon de la naturaleza pacífica de los harappanos y atacaron y conquistaron la ciudad.

Sin embargo, no todos los eruditos están de acuerdo con esta teoría. Algunos creen que los cadáveres no eran víctimas de la guerra, sino que fueron enterrados apresuradamente. Otros se apartan de la teoría de la invasión. Creen que el deterioro estructural de la ciudad expulsó a la gente de sus hogares.

La civilización del valle del Indo influyó en muchas culturas antiguas. Esto indica que no pudo desaparecer de repente. Sin embargo, los estudiosos siguen creyendo que los arios estuvieron involucrados. Algunos piensan que los arios emigraron al valle del Indo y, en lugar de dejarse influir por su cultura, impusieron la suya, lo que provocó el declive de la civilización del valle del Indo.

La leyenda del gran rey Harsha de la dinastía Vardhana

El emperador Harshavardhana, también llamado Harsha, fue el último gobernante de la dinastía Vardhana, una de las más poderosas de la antigua India. Gobernó el país durante 40 años y, durante este tiempo, alcanzó el éxito militar y político expandiendo su reino y unificando el norte de la India.

El emperador Harshavardhana fue el último gobernante de la dinastía Vardhana
https://commons.wikimedia.org/wiki/File:King_Harsha_pays_homage_to_Buddha.jpg

Harsha tenía dos hermanos mayores: un hermano (Rajya) y una hermana (Rajyashri). Cuando su padre murió, Rajya debía heredar el trono, pero estaba tan consumido por el dolor que se negó a aceptarlo. Harsha no tuvo más remedio que convertirse en rey hasta que su hermano regresara. Su hermana se casó con un poderoso hombre de la dinastía Maukhari, lo que fortaleció la relación entre ambas familias. Las dinastías Malwa y Gauda eran los mayores enemigos de los Vardhana, y no estaban contentos con esta unión. Atacaron y mataron al marido de Rajyashri y la encarcelaron.

Cuando Rajya se enteró de lo ocurrido a su hermana, tomó un enorme ejército y fue a salvarla y a vengar la muerte de su cuñado. Rajya y sus hombres consiguieron dañar al ejército enemigo. Sin embargo, fue traicionado y asesinado por el rey de Gauda. Como resultado, Harsha se convirtió en el rey oficial de la dinastía Vardhana.

Harsha no era un gobernante ordinario. Amaba entrañablemente a su familia. Cuando murió su hermano, envió a su primo con un ejército tras sus asesinos para vengarlo. También reunió un ejército y fue a rescatar a Rajyashri. Aunque entonces era rey, no le importaba su estatus y sólo pensaba en su hermana.

En una época en la que muchos gobernantes eran crueles y egoístas, Harsha era un rey justo que se preocupaba por su pueblo. Tenía impuestos justos y destinaba un cuarto de esos impuestos a obras de caridad. Sin embargo, lo que diferenciaba a Harsha era su amor por el arte y la literatura. Era un mecenas de la educación y dedicó mucho tiempo, esfuerzo y recursos a las universidades y el aprendizaje.

En la batalla, era un valiente guerrero que luchaba ferozmente contra sus enemigos, y en la intimidad de sus aposentos, tenía un lado más sensible, siendo la pluma su única arma. Harsha escribió tres obras: Priyadarshika, Ratnavali y Nagananda, y contrató a actores para que las representaran ante él. Harsha fue un autor y poeta cuyas aportaciones al mundo literario fueron notables. Era muy respetado entre otros autores e incluso se le comparaba con algunos de los más grandes dramaturgos indios de la época.

Harsha era un hombre religioso que escribió himnos sobre el budismo. También fue responsable de la publicación de cientos de poemas que honraban a Buda.

Harsha parecía un hombre inteligente y bondadoso que hizo todo lo correcto por su familia y su reino. Entonces, ¿qué hizo mal para que se le haga una mención notable en este libro?

Harsha era un hombre muy ambicioso que quería expandir su reino y obtener más poder. Luchó en muchas batallas y siempre salió victorioso. Su ambición crecía con cada victoria, lo que le llevó a la batalla de Narmada, donde se enfrentó al rey Pulakeshin II de la dinastía Chalukya. Sin embargo, Harsha fue derrotado y se vio obligado a retirarse con su ejército. La victoria de Pulakeshin le valió el título de «El gran señor o el señor de señores».

Aunque fue una gran derrota, no afectó al ejército ni al poder político de Harsha. Gobernó durante diez años enteros hasta su muerte en 647 d. C. Sin embargo, la dinastía Vardhana cayó con su desaparición.

Harsha tuvo dos hijos, pero ambos fueron asesinados. No tuvo un heredero para su reino tras su muerte. Cuando falleció, su ministro, Arjuna, ascendió al trono. Sin embargo, no era tan poderoso como Harsha, y el imperio cayó un año después.

Historia de la Universidad de Nalanda

Fundada en el siglo V por Kumaragupta, emperador del Imperio gupta, la Universidad de Nalanda es una de las más antiguas e influyentes del mundo. Se cree que Buda visitaba con frecuencia la universidad y quedó bastante impresionado por ella. En el siglo VII, Nalanda acogía a 10.000 estudiantes y 2.000 profesores, algunos considerados los mejores del mundo.

La historia de la Universidad de Nalanda se divide en dos partes. La primera transcurrió entre los siglos VI y IX, y fue testigo de su florecimiento, crecimiento y desarrollo. La segunda parte transcurrió entre los siglos IX y XIII y fue testigo del declive de la universidad.

La universidad albergaba una de las mayores bibliotecas del mundo... la biblioteca Dharma Gunj, que significa «La montaña de la verdad». Contenía la mayor colección de conocimientos budistas de la época.

La Universidad de Nalanda tenía un plan de estudios muy rico en todos los campos: filosofía extranjera, escrituras del budismo, el Veda, Yoga-shastra, Samkhya, filosofía, metafísica, lógica, medicina, astronomía y ciencia.

Nalanda fue una de las primeras universidades del mundo en incluir dormitorios que alojaban a los estudiantes durante el curso escolar. También era una obra maestra arquitectónica, con su magnífica puerta y sus altos muros. La universidad contaba con diez templos y ocho recintos, con múltiples aulas de meditación, parques y lagos.

Se convirtió en una de las universidades más famosas de la época y atrajo a estudiantes de todo el mundo, como el sudeste asiático, Sri Lanka, Turquía, Mongolia, Tíbet, Persia, Japón, Corea y China. Sin embargo, no se permitía la entrada a todos los estudiantes que la solicitaban. Tenían que pasar un examen muy duro, y sólo el 20 % eran aceptados. Fue considerada el centro de enseñanza superior hasta su destrucción en 1190.

Nalanda alcanzó su apogeo bajo el reinado de la dinastía Vardhana, concretamente del rey Harsha. Como estaba muy interesado en el arte y la educación, situó a Nalanda en lo más alto de sus prioridades. A menudo donaba grandes sumas de dinero a la universidad. También construyó uno de sus diez templos, de 30 metros de altura y recubierto de latón.

Harsha también donó cientos de aldeas para ampliar la universidad, lo que le permitió acoger a miles de estudiantes en su campus. Sin embargo, no fue el único miembro de la realeza que amplió la universidad. Muchos otros reyes de distintas partes del mundo contribuyeron a su expansión. Shailendra, rey de Indonesia, donó uno de los edificios de la universidad.

La Universidad de Nalanda era única en todos los sentidos. Nalanda cambió el mundo con su asombrosa arquitectura, su interesante plan de estudios, su colección de libros raros y sus brillantes profesores. Por eso, su destrucción fue una de las mayores pérdidas de la historia.

En 1193 d. C., Muhammad Bakhtiar Khilji, con los mamelucos, invasores musulmanes turcos, atacó la India e incendió la universidad con su famosa biblioteca. Como había millones de libros en la biblioteca, tardó tres meses en arder. También saquearon los monasterios, y todos los monjes temieron por sus vidas y huyeron de la ciudad.

Khilji quería destruir el budismo, y quemar la biblioteca que albergaba sus enseñanzas religiosas era el primer paso obvio. Vio de primera mano el inmenso conocimiento y poder de los budistas y se dio cuenta de que debían ser detenidos. Una vez, Khilji se puso muy enfermo. Ninguno de sus médicos sabía qué le pasaba, así que buscó la ayuda de Ayurveda, un erudito budista. Ayurveda le dio a Khilji una medicina que le curó en poco tiempo. A Khilji no le gustó ver que los médicos budistas tenían más conocimientos que sus médicos musulmanes. Esta fue una de las razones que impulsaron a Khilji a destruir Nalanda.

Cuando Khilji quemó Nalanda, no sólo destruyó una universidad, sino una parte de la cultura, la historia y la identidad de la India. Tras la destrucción de Nalanda no hubo universidades en India durante 600 años.

Los restos de Nalanda se convirtieron en patrimonio de la humanidad de la UNESCO y atraen a turistas de todo el mundo. Es un recordatorio de lo que podría haber sido. ¿Cómo habría sido el mundo si Khilji no la hubiera quemado? Los libros que se perdieron serán para siempre una gran cicatriz en la historia.

Nalanda cayó en el olvido durante siglos, y todo el mundo se olvidó de la universidad, que en su tiempo fue un faro para la educación, hasta que fue redescubierta en 1812. Por suerte, Nalanda consiguió volver a ponerse en pie y ahora abre sus puertas a miles de estudiantes cada año.

Mohenjo-Daro era una ciudad moderna anclada en el pasado. Sin embargo, su repentina desaparición ha desconcertado a los historiadores durante siglos. ¿Fue el cambio climático o la invasión aria lo que puso fin abruptamente a esta antigua ciudad? Sea cual sea el motivo, la desaparición de la civilización del Indo dejó tras de sí un fascinante misterio que dejará intrigados a los historiadores durante años.

Harsha no era el típico gobernante. Era un poeta y un autor que se preocupaba por la educación y la caridad. Aunque su imperio cayó tras su muerte, siempre será recordado por su contribución a la literatura.

La destrucción de la Universidad de Nalanda fue una parodia y uno de los mayores errores de la historia. La India no sólo perdió una parte de su identidad, sino que la pérdida de miles de libros será para siempre una de las peores tragedias literarias que el mundo haya presenciado jamás.

Las ruinas de la Universidad de Nalanda

Amannikhilmehta, CC BY-SA 4.0 https://creativecommons.org/licenses/by-sa/4.0, *vía Wikimedia Commons:*
https://commons.wikimedia.org/wiki/File:Nalanda_University_ruins_1.jpg

Preguntas al final del capítulo

1. Teniendo en cuenta la avanzada planificación urbana y la arquitectura de Mohenjo-Daro, ¿qué posibles factores medioambientales y administrativos podrían haber acelerado su declive?

2. ¿En qué se diferenciaba el rey Harsha de todos los demás gobernantes de la antigüedad?

3. ¿Qué lecciones pueden extraerse del ardiente final de la Universidad de Nalanda en el contexto de la preservación del conocimiento y el legado cultural?

Curiosidades

- La escritura del Indo, predominante en yacimientos como Mohenjo-Daro, sigue sin descifrarse a día de hoy, lo que la convierte en una de las escrituras antiguas del mundo aún envueltas en el misterio.

- A pesar de sus múltiples enfrentamientos militares, el rey Harsha fue también un consumado dramaturgo. Sus obras ofrecen una visión fascinante de las normas y valores sociales de su época.

- La Universidad de Nalanda, fundada en el siglo V d. C., atrajo a eruditos de lugares tan lejanos como China, Tíbet y Persia. Sus ruinas sugieren que tenía un vasto campus, con salas de meditación, aulas y dormitorios.

- La India tiene una historia fascinante, con algunos acontecimientos interesantes y misteriosos. Uno de sus mayores misterios fue el declive de la ciudad del valle del Indo, una de las civilizaciones más avanzadas del mundo, que dejó de existir repentinamente. Aunque hay muchas teorías sobre su desaparición, nadie sabe a ciencia cierta qué ocurrió. La gente aún se lo pregunta y se hace preguntas, tratando de obtener una respuesta definitiva.

- Harsha fue uno de los más grandes gobernantes indios. Cuando uno piensa en reyes, siempre se imagina gobernantes duros y egoístas que sólo se preocupan de sí mismos. Sin embargo, Harsha era diferente. Tenía un lado sensible y era escritor y poeta. Su contribución al mundo literario lo hace memorable. Por desgracia, su muerte y el hecho de no dejar heredero acabaron con su dinastía.

- Nalanda fue una de las primeras universidades del mundo, pero lamentablemente la gente sólo la recuerda por su triste final. Las historias de su ardiente desaparición y de la quema de libros durante meses siguen siendo dolorosas para todos los buscadores de conocimiento del mundo.

Capítulo 8: Percances mesoamericanos

El auge y caída del antiguo mundo de Mesoamérica es un tema de misterio y gran interés para muchas personas. Al leer este capítulo, profundizará en los percances que condujeron a la caída de lo que una vez fue un epicentro económico, cultural y arquitectónico. Aprenderá sobre los antiguos mayas de Tikal, por qué fue un territorio mesoamericano integral y cómo una serie de sequías y guerras condujeron a su desaparición. A continuación, el capítulo se adentra en Tenochtitlán, el corazón del Imperio azteca, y cómo una epidemia letal, junto con planes despiadados, provocaron su caída.

La ciudad maya abandonada de Tikal

Tikal fue una antigua ciudad maya que funcionó como el mayor centro urbano de la región. Era un importante centro ceremonial que albergaba una colección de templos y monumentos sagrados. La importancia de la ciudad aumentó drásticamente entre los años 600 y 900 d. C., que fue cuando surgieron la escritura maya, los métodos de medición del tiempo y más pirámides y lugares. Este periodo también se caracterizó por el florecimiento de esculturas, pinturas en vasos y otras formas de arte.

Tikal fue el mayor centro urbano de la región

La ciudad también se convirtió en parte integrante de una de las redes comerciales más importantes de la región. Tikal continuó prosperando incluso después de que Teotihuacán, la ciudad más grande del mundo en el 500 d. C., decayera debido a su incapacidad para sostener a su creciente población. Tikal alcanzó su apogeo artístico y arquitectónico entre los años 600 y 800 de nuestra era. Sin embargo, tras sufrir un descenso de su población, la ciudad siguió el destino de Teotihuacán.

Tikal: Epicentro cultural y arquitectónico

Los principales monumentos de la ciudad se erigían en una milla cuadrada, mientras que otras estructuras menores, como las viviendas, se extendían por los alrededores, que tenían más de seis millas cuadradas de extensión. El centro de Tikal albergaba a unas 10.000 personas, mientras que la población total de la ciudad rondaba los 50.000 individuos. A diferencia de Teotihuacán, donde las viviendas estaban muy juntas y las calles organizadas para albergar a sus 200.000 habitantes, los edificios de Tikal estaban más dispersos.

Tikal se caracterizaba por sus cinco templos piramidales. La ciudad también tenía tres grandes complejos, que albergaban palacios y otras estructuras lujosas para las clases altas y nobles. Un complejo incluye varios edificios, cada uno de ellos fortificado con un conjunto cuidadosamente preparado de cámaras funerarias. En cuanto a las pirámides, la Pirámide I, de 145 pies de altura, es la más popular. En su cima se encuentra el Templo del jaguar. La Pirámide II, de 135 pies de altura, está justo al lado y coronada por el Templo de las máscaras, mientras que la Pirámide III mide 180 pies. La Pirámide IV es la más alta de las cinco, con 213 pies. Tiene el Templo de la serpiente de dos cabezas, mientras que la Pirámide V mide 187 pies y se encuentra cerca de la Plaza de los siete templos.

La trágica caída de Tikal: Sequías y agua envenenada

A pesar de ser un epicentro de civilización y prosperidad durante siglos, Tikal fue abandonada por los mayas en el siglo IX d. C. Los estudiosos elaboraron varias teorías sobre la caída de la ciudad. Muchos sugieren que se derrumbó por la misma razón que la ciudad de Teotihuacán: superpoblación, falta de sustento y sobreexplotación de los recursos naturales. Otra teoría popular era que la zona sufrió un periodo de fuertes sequías. Nuevas revelaciones sugieren que, mientras los habitantes de Tikal ya sufrían la sequía, sus únicas fuentes de agua potable estaban envenenadas por sustancias tóxicas como el mercurio y las algas.

Para sobrevivir a la sequía provocada por la importante disminución de las precipitaciones durante décadas, los habitantes de Tikal idearon formas innovadoras de almacenar agua. Crearon plazas grandes, inclinadas y pavimentadas que permitían que el agua se deslizara hacia los embalses. Dependían de sus embalses para sobrevivir, ya que la ciudad estaba aislada de otras fuentes de agua, como ríos, arroyos y lagos. Además, el nivel freático era bajo. Esto significaba que el nivel en el que el suelo se saturaba de agua estaba a más de 600 pies bajo tierra, lo que significaba que cavar pozos o intentar acceder a esta agua por otros medios era muy difícil.

Los investigadores estudiaron los sedimentos de los cuatro embalses construidos en Tikal para comprender mejor todos los factores que contribuyeron a la caída de la ciudad. Se sorprendieron al descubrir que dos de los principales embalses estaban infestados de niveles alarmantemente altos de mercurio y trazas extremadamente peligrosas de floraciones de algas tóxicas.

Todo el mundo sabe que los antiguos mayas eran maestros de las artes y la inventiva. Sin embargo, poco sabían que su amor por la decoración y la innovación sería la principal causa de su desaparición. Mientras que la mayoría de las civilizaciones antiguas son elogiadas por sus contribuciones duraderas al ámbito de las artes y la arquitectura, la icónica pintura roja de los mayas condujo a revelaciones científicas revolucionarias. Aunque pensaban que estaban añadiendo un toque de color a su entorno, los mayas, sin saberlo, ¡añadieron una pizca de veneno a sus dietas!

Los investigadores creen que el mercurio hallado en la fosa de los depósitos procedía del cinabrio, que es el producto del mercurio mezclado con óxido de hierro. El cinabrio es un polvo rojo intenso muy utilizado como pigmento y tinte en la época. Este polvo era esencial para ellos porque lo utilizaban para pintar el interior de las tumbas de la élite. Al examinar una de las tumbas, los investigadores encontraron alrededor de 9 kilos de cinabrio. El uso excesivo de este polvo en los templos, palacios y tumbas y sus alrededores hacía que una gran cantidad de él se arrastrara hasta los embalses cada vez que llovía. Cada bebida y comida que se tomaba estaba probablemente impregnada de mercurio.

Su capacidad de innovación no se limitaba a la pintura envenenada. Los mayas insistieron en ir más allá y crearon el primer depósito de agua con algas del mundo. No se dieron cuenta de que lo que pretendían que fuera una forma segura de almacenar agua potable era en realidad el entorno ideal para la proliferación de algas verdeazuladas porque era rico en fosfato... hasta que fue demasiado tarde, claro.

El fosfato es un nutriente que las algas verdeazuladas necesitan para crecer. La presencia de este nutriente era producto de cientos de años de fuegos de cocina, humo y platos de cerámica arrastrados a los embalses. Junto a los embalses también había un montón de basura en el que los lugareños tiraban los restos de comida. Esto significaba que mucha basura se deslizaba a los embalses durante los periodos de lluvias.

No fue hasta la aparición de algas en los embalses cuando los habitantes de la ciudad se dieron cuenta de que algo no iba bien. Probablemente, el agua de los embalses tenía un aspecto, un olor y un sabor horribles.

Para una civilización altamente religiosa y supersticiosa, tener un suministro de agua envenenada, no tener acceso al agua y años de sequía significaba que sus dioses no estaban apaciguados. Quizás estaban enfadados con los gobernantes de la ciudad. A medida que las condiciones de vida se hacían más duras, los lugareños no tuvieron más remedio que abandonar Tikal y buscar refugio en una ciudad mejor.

La trágica caída de Tikal: Alianzas fallidas y guerra

Durante el mismo periodo en que Tikal luchó contra las sequías y el agua no potable, la ciudad atravesó una serie de guerras. La dinastía Kaanul, también conocida como *el Reino de la serpiente*, que gobernaba desde Calakmul, tenía el sueño de expandir el reino maya para crear el más grande que jamás hubiera existido. Como centro cultural, económico y ceremonial, Tikal fue una potencia suprema maya que dominó las tierras bajas de la región. La ciudad mantuvo su posición incluso después de que Guatemala derrotara a los kaanuls. Esto pudo deberse en parte a la alianza de la ciudad con Teotihuacan, que monopolizaba el comercio de obsidiana negra y verde, fabricaba y enviaba armas militares a Tikal y controlaba el centro de México. Esta alianza, sin embargo, se vino abajo en el siglo VI d. C., dejando a Tikal en una posición vulnerable.

Los kaanul aprovecharon la indefensión de Tikal, dándose cuenta de que era una oportunidad única para establecer un control político total. Querían utilizar lo que quedaba de la influencia de Tikal para persuadir a otras ciudades mayas de que se aliaran con los kaanul. Los gobernantes eran especialmente astutos a la hora de idear métodos para crear y romper alianzas entre ciudades, orquestando estratagemas que les ayudaran a aumentar su poder. También consiguieron que Waka y Caracol rompieran sus alianzas con Tikal, debilitando aún más la posición de la ciudad. Otras ciudades importantes situadas en las fronteras de Tikal, como Holmul, Saknikte y Naranjo, también se aliaron con las Serpientes. Juntos saquearon Tikal el 29 de abril de 562.

La caída del Imperio azteca

El Imperio azteca fue la principal potencia mesoamericana durante los siglos XV y XVI. Controlaban una de las capitales más grandes del mundo, lo que la situaba a la vanguardia de la política, la economía y el comercio. Itzcoatl, líder del imperio en aquella época, fue el responsable de crear una coalición entre tres grandes ciudades-estado mexicanas: Tlacopán, Tetzcoco y Tenochtitlán. Aunque cabría esperar que esta triple alianza convirtiera a las ciudades-estado en potencias indestructibles, Tenochtitlán cayó bajo el asedio de los españoles en 1521. Esta derrota mexicana dio margen a Hernán Cortés y sus conquistadores para derrocar al Imperio azteca.

Tenochtitlán: La ciudad más grande de todas

Cuando Cortés y los conquistadores españoles, liderados por Moctezuma II, llegaron a Tenochtitlán en 1519, la describieron como una de las ciudades más bellas y prósperas que jamás habían encontrado. A su llegada, la ciudad albergaba a unos 300.000 habitantes. Se asentaba sobre una isla artificial con una gran variedad de pintorescos jardines y templos. Incluso quienes residían en otras ciudades estaban obligados a rendir tributo a los templos y mercados de Tenochtitlán. Honrar estos lugares sagrados implicaba hacer ofrendas, contribuciones monetarias e incluso sacrificios humanos. Estas normas tiránicas provocaron un creciente resentimiento de las demás ciudades-estado hacia Tenochtitlán.

Hernán Cortés: Un ambicioso conquistador español

Hernán Cortés es un famoso conquistador
https://commons.wikimedia.org/wiki/File:Hern%C3%A1n_Cort%C3%A9s,_Toledo.jpg

Hernán Cortés era la definición de libro de texto de un triunfador. Si no hubiera estado demasiado ocupado expandiendo su territorio, difundiendo su fe y encontrando oro suficiente para impresionar a la familia más noble de su época, podría haber escrito un manual de éxito para conquistadores. Marque todas las casillas y tendrá garantizado el derribo de un imperio.

Hernán Cortés, uno de los conquistadores más famosos, se estableció en Cuba y desempeñó un papel fundamental para ayudar a España a expandir sus conquistas por América. Durante su estancia, Cortés convenció a Velázquez, gobernador del país en aquel momento, para que le permitiera guiar a un grupo de conquistadores hacia México para explorar la zona. Aunque Velázquez revocó el permiso antes de que Cortés pudiera iniciar la expedición, el conquistador español ideó su plan. Le impulsaba un deseo irrefrenable de expandir el territorio español, difundir el cristianismo y explotar el oro, la plata y los materiales valiosos de la tierra inexplorada.

Cortés reunió a su propio grupo de ansiosos conquistadores y dirigió una flota de 100 marineros y 11 barcos, una tropa de 508 soldados y 16 caballos hacia México el 18 de febrero de 1519. A su llegada a la costa de Yucatán, Cortés fue informado inmediatamente sobre un grupo de europeos que habían llegado anteriormente a la zona y que fueron capturados inmediatamente por los mayas. Liberó a Jerónimo de Aguilar, un fraile franciscano que había sido enviado a Panamá como misionero por los mayas, y Cortés lo reclutó. Cortés descubrió que Jerónimo era un complemento increíble para su equipo porque era el único que sabía hablar la lengua maya local, el *chontal*.

A lo largo de su viaje, los conquistadores recibieron 20 jóvenes mayas esclavizadas. Malinalli, una de ellas, fue bautizada y recibió el nombre cristiano de Marina, y más tarde se la conoció como la Malinche. Hablaba náhuatl, la lengua azteca, y también la lengua maya, el chontal. Fue indispensable para los conquistadores españoles porque les ayudó a comunicarse con los indígenas.

Con dos conocedores del chontal en el equipo, Cortés marchó a Tenochtitlán, donde fueron recibidos por Moctezuma II. Sin embargo, el maestre español no tardó en darse cuenta de que los hombres del emperador podrían volverse contra sus conquistadores y decidió poner a Moctezuma bajo arresto domiciliario. Mientras intentaba gobernar el terreno a través de la voz del emperador detenido, recibió la noticia de que Velázquez había enviado hombres para arrestarle por quebrantar las órdenes. Cortés, por lo tanto, decidió dejar a Pedro de Alvarado, su mano derecha, para supervisar los asuntos en Tenochtitlán mientras dirigía una tropa para atacar a las fuerzas españolas que llegaban a la costa.

Derrotó a las tropas de Velázquez y condujo a los hombres supervivientes de vuelta a Tenochtitlán. A su regreso, Cortés se encontró con la sorpresa de que el lugarteniente que había dejado al mando había matado a varios centenares de nobles indígenas durante una de sus ceremonias religiosas, creando un estado de desorganización entre los aztecas. Sus habitantes exigieron a los españoles que dejaran en paz su ciudad. Algunos teóricos sugieren que los conquistadores asesinaron a Moctezuma al surgir nuevos disturbios, mientras que otros creen que simplemente le dejaron morir en medio de una pelea.

Consecución de aliados indígenas

Tras lo que los tenochtitlanos creyeron un intento exitoso de expulsar a los españoles de sus tierras, los hombres regresaron pronto con una pequeña flota de barcos. Su misión consistió en poner de su lado a unos 200.000 guerreros indígenas de las tierras vecinas de Tenochtitlán. Algunos de ellos, como los de Cempoala y Tlaxcala, ya estaban resentidos con los aztecas, por lo que aliarse con ellos fue una tarea bastante fácil. El numeroso ejército de aliados mantuvo sitiada Tenochtitlán durante 93 días.

Después de bloquear con éxito Tenochtitlán, Cortés y sus hombres se dieron cuenta de que debían mantenerse al lado de sus aliados indígenas. Al fin y al cabo, eran su principal fuente de apoyo logístico y operativo. También utilizaron sus campamentos para lanzar ataques selectivos contra la tierra sitiada.

Cortés envió su flota en partes para rodear la isla en la que se encuentra Tenochtitlán, bloqueando la tierra desde el agua y las calzadas que la conectaban con el continente. Sus barcos llevaban cañones preparados para ser disparados en cualquier momento. También cortó el suministro de agua y alimentos a la ciudad.

Para empeorar las cosas, los aztecas tuvieron que luchar contra una epidemia letal. Antes de partir de España, algunos de los conquistadores de más alto rango contrajeron la viruela. Cuando llegaron a América, empezaron a propagar el virus entre la población local de forma gradual y sin saberlo. Esto debilitó tanto a los aztecas contra los que luchaban como a sus recién adquiridos aliados. Sin embargo, algunos estudiosos sugieren que el debilitamiento de los aztecas se debió a la propagación de la salmonela y no de la viruela.

El primer caso de la enfermedad se descubrió en Cempola, cuando un africano esclavizado mostró sus síntomas. A partir de ese momento, el virus se propagó exponencialmente. Llegó a los aztecas cuando los conquistadores y sus aliados atacaron juntos Tenochtitlán. Casi todos los miembros de la población, desde los nobles hasta los campesinos, se vieron afectados por la enfermedad, mientras que muchos españoles se volvieron inmunes a ella.

La situación empeoró aún más para la población indígena, ya que los cadáveres de los que murieron a causa de la enfermedad quedaron esparcidos por todo Tenochtitlán. Con la ciudad cercada, la gente no sabía cómo deshacerse de los cuerpos de forma segura. Lo que una vez fue la ciudad más grande que Cortés había visto se convirtió en un gran cementerio.

La decadencia del Imperio azteca

Durante los tres meses que Tenochtitlán estuvo sitiada, los españoles y sus aliados lanzaron un ataque tras otro. Finalmente, todas las formas de resistencia azteca se agotaron y los conquistadores y sus aliados indígenas entraron en la ciudad, convirtiéndola en un baño de sangre. Masacraron sin piedad a la población y saquearon e incendiaron sus casas y templos. Cuauhtémoc, el último emperador azteca y yerno y sobrino de Moctezuma II, intentó huir junto con un grupo de nobles y consejeros. Sin embargo, los españoles los atraparon y ahorcaron al emperador.

Estos trágicos acontecimientos provocaron el colapso del Imperio azteca y disolvieron el poder de los indígenas. Tres años después, toda Mesoamérica estaba ya bajo el dominio de los españoles. Éstos establecieron la colonia de «Nueva España» y permitieron que la mortal enfermedad acabara con lo que quedaba de la población indígena o la incapacitara. Además de estar incapacitada por la enfermedad, la población indígena no estaba tan avanzada tecnológicamente como los colonizadores españoles. Mientras que los españoles utilizaban activamente el acero y la pólvora contra los indígenas, éstos sólo disponían de pieles de animales, telas gruesas, arcos, lanzas y palos de hoja. Como era de esperar, descubrieron que los pueblos con los que se aliaron para librarse del despiadado dominio de Tenochtitlán resultaron ser aún más crueles.

La lectura de este capítulo invita a reflexionar sobre el intercambio de diversas culturas, los intensos cambios y, por supuesto, el legado imperecedero que se entrelaza en la historia de América. Los relatos de los pueblos indígenas americanos son un testimonio perdurable de su resistencia y capacidad de recuperación.

Preguntas al final del capítulo

He aquí algunas preguntas para reflexionar después de leer este capítulo:

1. ¿Cómo influyeron los continuos esfuerzos militaristas de Tikal, junto con los factores ambientales, en su abandono final?

2. ¿Qué errores estratégicos y culturales hicieron que la formidable capital azteca, Tenochtitlán, fuera susceptible de ser conquistada por los españoles?

3. ¿De qué manera la planificación urbana de Tikal, inicialmente un signo de su grandeza, se convirtió en un factor de su caída?

Curiosidades

• El juego de pelota de los antiguos mayas, conocido como «pok-a-tok», no era sólo una actividad recreativa. Tenía un profundo significado religioso y se cree que, en algunos casos, el juego terminaba con sacrificios humanos.

• Tenochtitlán, construida sobre el lago de Texcoco, era una intrincada red de canales, pirámides y calzadas, a menudo comparada con Venecia. Cuando los conquistadores españoles la vieron por primera vez, quedaron asombrados por su tamaño y complejidad.

• La Pirámide del sol de Teotihuacán es una de las más grandes del mundo. Sin embargo, a pesar de su prominencia, la identidad de la civilización que construyó Teotihuacán y de sus gobernantes sigue siendo en gran medida un misterio.

Capítulo 9: Los disparates nórdicos

En este capítulo, viajarás en el tiempo a los países escandinavos y descubrirás sucesos extraños en su legado nórdico.

Los nórdicos son famosos por su fascinante mitología y sus interesantes dioses. ¿Quién no conoce a su dios del trueno, Thor, y a su travieso dios, Loki? Puede que también conozca la vida de los vikingos, ya que aparecen en muchas películas y series de televisión. Sin embargo, ¿conoce todos los errores que cometieron por el camino y que frenaron su colonización?

Este capítulo aborda las *Sagas de Vinlandia* y el malogrado asentamiento nórdico en Norteamérica, los errores estratégicos y las extralimitaciones de uno de los vikingos más famosos. También trata sobre el panteón nórdico y la llegada del cristianismo.

Las *Sagas de Vinlandia*

Contrariamente a la creencia popular, Cristóbal Colón no fue el primero en descubrir América. Otras tribus se asentaron allí siglos antes de que él zarpara a explorar el nuevo mundo. Las *Sagas de Vinlandia* cuentan cómo los vikingos llegaron a estas tierras nuevas e inexploradas. Estas sagas se escribieron en la Edad Media y constan de dos historias: la *Saga de los groenlandeses* y la *Saga de Eric el Rojo*.

La Saga de los groenlandeses

La historia comenzó con un famoso vikingo, marinero y comerciante llamado Bjarni Herjolfsson. En el año 985, hizo un viaje para visitar a sus padres y descubrió que se habían trasladado a una nueva tierra llamada Groenlandia. Bjarni decidió navegar hasta allí y buscarlos; sin embargo, se trataba de un territorio por descubrir y no tenía ninguna información al respecto.

Mientras buscaba Groenlandia, el viento desvió el rumbo de su barco y encontró tres tierras ante él. Era América del Norte. Una de ellas estaba cubierta de hielo. Desembarcó allí y se reunió con sus padres. Tras este viaje, Bjarni dejó de navegar y vendió su barco al explorador nórdico Leif Erikson, hijo del famoso explorador Erik el Rojo. Bjarni fue el primer europeo en llegar a Norteamérica.

Leif oyó hablar de las aventuras de Bjarni y de las nuevas tierras que había descubierto. Lleno de curiosidad, se embarcó hacia Norteamérica mientras su padre se quedaba. La primera tierra que encontró estaba llena de bosques y montañas, y pasó a llamarse «Helluland», que significa «Stoneland» o tierra de piedra, y la segunda estaba llena de bosques y colinas y se llamó «Markland», que significa «Woodland» o tierra de bosques. La tercera estaba llena de uvas que crecían en cada rincón, por lo que la llamaron «Vinland», que significa «Wineland» o tierra del vino, y aquí fue donde decidió establecerse. Algunos estudiosos sostienen que no fue así como la isla obtuvo su nombre. Sin embargo, la saga nórdica menciona varias veces que la isla estaba llena de uvas, por lo que lo más probable es que la historia del nombre sea real.

Muchos vikingos siguieron a Leif y se asentaron en Vinlandia. Se encontraron con muchos nativos en el nuevo mundo y los llamaron «Skraelings», que significa «desgraciados». Su relación empezó siendo amistosa, pero no duró mucho. A menudo estallaban violentas peleas entre los vikingos y los nativos americanos. Como resultado, los vikingos permanecieron poco tiempo en Norteamérica antes de regresar a sus tierras escandinavas.

La Saga de Erik el Rojo

El explorador islandés Erik el Rojo descubrió Groenlandia, una isla situada entre Norteamérica e Islandia. Curiosamente, fue él quien dio nombre a la tierra helada como estratagema de marketing. Su hijo fue

Leif Erikson, y la historia es similar a la saga de Groenlandia con algunos detalles más, salvo que no se menciona a Bjarni.

Erik el Rojo descubrió Groenlandia

Cuando el hermano de Leif, Thorvald, se enteró de la aventura de su hermano, siguió sus pasos y se embarcó para explorar el nuevo mundo. A su llegada a Vinlandia, tuvo una gran pelea con los nativos y mató a ocho de ellos. Consumidos por la venganza, los nativos persiguieron a Thorvald y lo mataron. Cuando su otro hermano, Thorstein, se enteró, decidió zarpar y traer el cuerpo de su hermano a casa. Sin embargo, se cayó del caballo y no pudo alcanzar el barco. Murió poco después.

Thorfinn Karlsefni, un popular mercader islandés, tomó a su tripulación y zarpó hacia Vinlandia. Le acompañaban otros dos mercaderes, Bjarni Grimolfsson y Thorhall Gamlason, que capitaneaban su barco.

Cuando Thorfinn llegó, empezaron a comerciar con los nativos. Sin embargo, las tribus nativas querían comerciar con armas con los nórdicos, a lo que Thorfinn se oponía totalmente. Esto llevó a constantes luchas entre ambos bandos. La hija de Erik, Freydis, decidió intervenir y ayudar a su pueblo. Con los senos al aire, se golpeó el pecho con una espada para ahuyentar a los nativos. Su plan funcionó y los nativos se retiraron.

Los nórdicos permanecieron en Vinlandia durante tres inviernos. Sin embargo, los constantes malentendidos y peleas con los nativos les hicieron regresar a Islandia.

Asentamientos nórdicos en Norteamérica

Los vikingos tenían asentamientos en las regiones oriental y occidental de Groenlandia, y ambas se apoyaban mutuamente y vivían en armonía. Los principales eran Helluland, Markland y Vinland. Al principio, podían sobrevivir gracias a la caza, la agricultura y la pesca. Sin embargo, esto no duró, ya que eran unos 2.500. Así que dependían de los productos importados.

Razones por las que los nórdicos fracasaron en la colonización de Norteamérica

Los estudiosos tienen algunas teorías sobre por qué los vikingos abandonaron sus asentamientos americanos de forma tan abrupta. La teoría más extendida sugiere que la tensa relación con los nativos creó un ambiente hostil para los vikingos. Aunque los vikingos disponían de mejores armas, lo que les daba una ligera ventaja durante la batalla, estaban muy superados en número.

Otra teoría sugiere que Vinlandia estaba situada lejos de los demás asentamientos, por lo que no siempre podían conseguir los recursos que necesitaban para sobrevivir. Groenlandia también tenía problemas de autosuficiencia y no podía abastecer a las colonias remotas.

En el siglo XIV, el clima de Norteamérica cambió drásticamente, bajando la temperatura y haciendo la vida muy difícil para los vikingos. No podían navegar ni cazar para alimentarse.

Todos estos factores contribuyeron al efímero asentamiento de los vikingos en Norteamérica.

El jefe vikingo Ivar el deshuesado

Si ve la serie de televisión Vikingos, probablemente esté familiarizado con el legendario héroe Ragnar Lothbrok. Los eruditos creen que Ivar era hijo de Ragnar, ya fuera por consanguinidad o adopción, y es imposible hablar de Ivar sin mencionar a su igualmente famoso padre.

Ragnar se casó con una chamana llamada Aslaug. Ella le dijo que debían esperar tres días antes de consumar el matrimonio, o su hijo sería deforme. Sin embargo, Ragnar no escuchó, y su hijo nació sin huesos, lo que le valió el apodo de «Ivar el deshuesado».

Los eruditos no pueden imaginar la condición exacta de Ivar. Algunos creen que, o bien era verdaderamente deshuesado, o bien sólo carecía de huesos en las piernas. Por esta razón, Ivar no podía caminar solo y a menudo lo llevaban en un escudo o una camilla. Sin embargo, si Ivar no hubiera tenido huesos, no habría sobrevivido, por lo que es evidente que estos registros eran exagerados. Los eruditos modernos creen que padecía osteogénesis imperfecta, una enfermedad que causa huesos débiles y frágiles. Sin embargo, otros estudiosos creen que se le dio este apodo porque no tenía hijos y nunca había estado con mujeres.

Acompañó a su padre y a sus hermanos en múltiples incursiones y heredó muchas de las cualidades heroicas de su padre. Ivar era un planificador inteligente y estratégico que a menudo dirigía a sus hermanos en sus aventuras. Tenía tres hermanos menores: Sigurd ojo de serpiente, Hvitserk y Bjorn Ironside.

En los antiguos documentos nórdicos se le describía como un joven muy sabio y apuesto, con un físico muy fuerte. Se dice que medía dos metros, lo que le convierte en una de las personas más altas que han existido. Era un arquero de gran talento con una fuerza inigualable en la parte superior del cuerpo. En la batalla, siempre gritaba palabras de ánimo a sus guerreros. Su voz era más alta que la de un hombre normal, y todos los soldados le oían como si estuviera a su lado. De hecho, él fue la razón principal por la que Ragnar pudo alcanzar la victoria en múltiples ocasiones.

Ivar, al igual que su padre, era una leyenda. Sin embargo, era muy ambicioso y quería ser tan famoso como él, lo que le llevó a cometer algunos errores estratégicos y extralimitaciones que le costaron muy caros.

Ivar y sus hermanos a menudo iban en contra de la voluntad de su padre y se aventuraban en territorios contra los que él les había advertido. En una de las historias, Ragnar nombró rey de Suecia a Eystein Beli y le ordenó proteger el reino de sus pícaros hijos. Ragnar también quería seguir siendo más poderoso que sus hijos y temía que le hicieran sombra. Eirek y Agnar (hermanastros de Ivar) intentaron apoderarse del reino, pero fracasaron y fueron asesinados. Eso llevó a Ivar, Aslaug y el resto de sus hermanos a buscar venganza. Tras una cruenta batalla, Eystein fue asesinado y los muchachos vengaron a sus hermanos.

A Ragnar no le gustó que sus hijos lograran una gran victoria sin su ayuda. Decidió conquistar Inglaterra sin ellos para demostrarles que él era el más fuerte y mejor guerrero. Sin embargo, Ragnar sobrestimó su fuerza. Su ejército fue terriblemente derrotado y él fue ejecutado. Cuando sus hijos se enteraron del destino de su padre, juraron vengarse. Ivar quería saber con detalle cómo había muerto su padre para consumirse en la ira y el odio.

Reunieron un gran ejército y navegaron hacia Inglaterra. Los muchachos estaban preparados para la guerra y dispuestos a luchar hasta la muerte. Sin embargo, Ivar tenía otros planes. Se negó a luchar y, como resultado, sus hermanos sufrieron una terrible derrota y se vieron obligados a retirarse y regresar a casa.

Ivar no regresó con sus hermanos. Fue a ver al rey y le dijo que se negó a participar en la batalla para mostrarle su buena voluntad. El rey quedó impresionado con Ivar y le compensó por la muerte de su padre. Otorgó a Ivar grandes tierras, fundó la ciudad de York y estableció estrechas relaciones con los lugareños.

Sin embargo, todo esto formaba parte de un plan mayor. Ivar era extremadamente astuto, pero también era leal a sus hermanos. Nunca los traicionaría. Después de establecerse, los invitó a unirse a él en York para que pudieran tratar de vengar a su padre de nuevo. Esta vez, Ivar estaba preparado. Consiguió engañar al rey haciéndole creer que estaba de su lado, y había hecho muchos amigos nuevos. Derrotaron al rey y a su ejército y vengaron a su padre.

Ivar no regresó a casa después de su victoria. Permaneció en Inglaterra y comenzó allí su reinado de tiranía. Nadie estaba a salvo de él. Los ingleses lo veían como un demonio del infierno, ya que era cruel y despiadado, y sus ataques eran brutales.

En la batalla, Ivar se presentaba a menudo con la mitad de su ejército para dar a sus enemigos la ilusión de que le superaban en número. Sin embargo, la segunda mitad de sus hombres solía atacar al enemigo por la retaguardia, asegurándose una victoria temprana.

Nadie sabe exactamente cómo murió Ivar. Algunos dicen que murió aquejado de una terrible enfermedad, mientras que otros creen que murió pacíficamente en Irlanda. Sin embargo, está claro que no murió en batalla. Se cree que tenía entre 35 y 45 años cuando falleció.

El panteón nórdico y el surgimiento del cristianismo

El panteón nórdico estaba formado por una variedad de dioses y diosas, cada uno con un dominio y poder especiales. Se les atribuían cualidades humanas con puntos fuertes y débiles. Algunos eran demasiado ambiciosos, codiciosos o propensos a la ira. Había unas 66 deidades nórdicas, pero 13 de ellas eran extremadamente significativas para la cultura y muy veneradas.

Odín es la principal de todas ellas

- **Odín:** Jefe de todas las deidades.
- **Thor:** Dios del trueno.
- **Frigg:** Diosa de la fertilidad y la maternidad.
- **Loki:** Dios de la travesura.
- **Freya:** Diosa del amor.
- **Heimdall:** Guardián de los dioses.
- **Baldur:** Dios de la sabiduría.
- **Freyr:** Dios de la prosperidad y la paz.
- **Idun:** Diosa de la juventud.
- **Hel:** Diosa del inframundo.
- **Njord:** Dios del tiempo y del viento.
- **Tyr:** Dios de la guerra.
- **Nerthus:** Diosa de la paz y la prosperidad.

Los vikingos eran devotos de su fe y sus deidades. A menudo realizaban diversos rituales para apaciguar a sus dioses, como el blōt, que significa sacrificio. Sacrificaban animales, como caballos y cerdos, y celebraban fiestas para sus comunidades. Llevaban su religión a todas partes. Tanto si invadían Inglaterra como si comerciaban con otras partes de Europa, se aferraban a sus creencias paganas.

Los cristianos de otras partes de Europa veían a los vikingos como brutales e incivilizados. Puede imaginarse lo que pensaban los ingleses de los vikingos y los paganos durante las incursiones de Ivar.

Los vikingos conocieron el cristianismo en su expedición por Europa. Algunos sintieron curiosidad por esta nueva fe, mientras que muchos otros permanecieron fieles a sus creencias paganas. Hákon Haraldsson, rey de Noruega, fue el primer rey vikingo que adoptó el cristianismo. Intentó convencer a su pueblo para que también se convirtiera, pero se encontró con la oposición. Salieron a las calles para expresar su ira quemando iglesias y matando sacerdotes. Algunos incluso querían sacrificar al rey a los dioses.

A los paganos nórdicos no les gustó ver cómo un gran número de personas abrazaba el cristianismo, y muchos intentaron reconvertirlos. Esto provocó aún más enfrentamientos y tensiones entre ambos bandos.

Entonces, ¿qué atrajo a los paganos nórdicos al cristianismo? Algunos se vieron obligados a convertirse por la presión religiosa y política de países como Alemania. Algunos vikingos querían seguir comerciando con los cristianos de Europa, así que se convirtieron a su religión. También hubo gente que encontró consuelo en el cristianismo, una religión que llama a amar al prójimo y ayudar a los necesitados, a diferencia del paganismo nórdico, que se centraba en rituales brutales y sacrificios que empezaron a alienar a su pueblo.

Cuando los cristianos querían perdón, iban a la iglesia y hablaban con un sacerdote, pero los paganos iban a los templos y presentaban un sacrificio. Algunas personas empezaron a sentir que estas prácticas estaban pasadas de moda. También se podría argumentar que la mala interpretación de ciertos rituales y sacrificios contribuyó a la expansión del cristianismo. Algunos encontraban sus rituales extraños o primitivos, pero nunca intentaron ver la intención que había detrás de ellos. Por ejemplo, las mujeres hacían ofrendas a Frigg porque es la diosa de la fertilidad y querían quedar embarazadas. Aunque los cristianos no entendían el concepto de ofrenda o podían haber desaprobado ciertos sacrificios, no comprendían que éste era el único tipo de culto que conocían los vikingos.

Sin embargo, los vikingos no aceptaron el cristianismo de inmediato. Eran extremadamente devotos de sus dioses, y costó siglos convertir a la mayoría de ellos.

Las *Sagas de Vinlandia* aclararon la idea errónea de que Cristóbal Colón fue la primera persona que llegó a América. Los vikingos hicieron este viaje 500 años antes que él y consiguieron vivir allí, construir asentamientos y tener una vida que duró unos pocos años. Uno no puede evitar preguntarse cómo habría sido el mundo si el pueblo nórdico nunca se hubiera marchado y Colón nunca hubiera puesto un pie en el nuevo mundo.

Aunque Ivar es uno de los vikingos más populares, su memoria está bastante empañada. No se puede negar que fue un guerrero valiente y poderoso, pero su sed de sangre y su ciega ambición lo convirtieron en una máquina de matar... un hombre sin piedad.

Los vikingos eran extremadamente devotos de su religión y no aceptaron el cristianismo de inmediato. Sin embargo, diversos factores les impulsaron a aceptar esta nueva religión y a abandonar sus primitivos rituales y sacrificios.

Preguntas al final del capítulo

1. ¿A qué retos se enfrentaron los vikingos en Vinlandia que hicieron que fuera una empresa efímera, y cómo podrían haber cambiado el resultado diferentes estrategias o preparativos?

2. ¿Cómo determinaron las ambiciosas campañas de Ivar el deshuesado, tanto las exitosas como las fallidas, la trayectoria de la expansión e influencia vikingas?

3. ¿De qué manera afectó el cambio gradual del paganismo nórdico al cristianismo a las sociedades vikingas y a sus interacciones con las regiones vecinas?

Curiosidades

• El nombre de «Ivar el deshuesado» es bastante enigmático, con teorías que van desde su condición física hasta que el término es una descripción metafórica de su naturaleza impredecible.

• Los vikingos tenían una dieta rica y variada que incluía alimentos como arenque en escabeche, frutos secos e incluso un tipo de yogur llamado *skyr*. Esta dieta contribuyó a su capacidad para recorrer largas distancias y conquistar diversas tierras.

• Contrariamente a la creencia popular, los icónicos cascos con cuernos que se asocian a menudo con los vikingos son en gran medida un mito. Las pruebas arqueológicas sugieren que los cascos vikingos no tenían cuernos y estaban diseñados para ser prácticos en la batalla.

Capítulo 10: Enigmas persas

Con un vistazo a los entresijos del Imperio persa, este capítulo conduce al final del viaje a través de los contratiempos que dieron forma a la civilización. La primera historia muestra la increíblemente ambiciosa pero errónea campaña militar del rey Darío contra los escitas, que dejó a su ejército en una inútil persecución del enemigo y, en última instancia, sin recursos. La historia posterior se traslada a la batalla de Maratón, donde otro error estratégico convirtió una segura victoria persa contra Atenas en una celebración para el enemigo. Para concluir el viaje, la narración final examina el auge y la caída del palacio de Persépolis, cómo se convenció a Alejandro Magno para que lo destruyera y cómo el fracaso de la defensa persa lo hizo posible.

La campaña del rey Darío contra los escitas

Tras enfrentarse al mismo problema que muchos otros líderes euroasiáticos anteriores y posteriores a él, la amenaza de los pueblos nómadas, en el año 513 a. C., el rey Darío I de Persia lanzó una de las campañas militares más renombradas de la historia del mundo antiguo.

El rey Darío I lanzó una de las campañas militares más renombradas

En aquel momento, la mayor amenaza percibida por los persas (así como por los griegos) provenía de los escitas, y por ello, se convirtieron en el objetivo de Darío. Los escitas dominaban el territorio situado entre el Mar Negro y los ríos Don y Danubio. Algunos registros sugieren que las verdaderas razones de la campaña de Darío contra los escitas radican en su sed de venganza por el dominio escita durante décadas en la región. Los partidarios de esta teoría afirman que, por muy grande y próspero que fuera el Imperio persa, Darío seguía temiendo a los escitas y no podía descansar hasta disminuir por completo su poder. Otros argumentan que desde que los escitas aparecieron en Asiria en el siglo VIII a. C., causaron muchas pérdidas al Imperio asirio, y derrotarlos habría resuelto un problema de proporciones históricas.

La estrategia de Darío incorporaba recursos y mano de obra ilimitados, lo que hizo de la Cruzada Escita una de las campañas militares mejor preparadas de la historia. Debido a todo el poder económico y político en posesión persa, el rey no tuvo problemas para fundar y apoyar esta campaña. Según la narración del geógrafo e historiador griego Heródoto, los escitas contaban con una seria ventaja en cuanto a movilidad. Conocían el terreno e incluso eran capaces de establecer pequeños asentamientos y mantenerse cultivando la tierra a pesar de no permanecer en un lugar durante un periodo prolongado y empleaban la táctica de la tierra quemada. Por la misma razón, consiguieron escapar muchas veces de la flota persa, ya que mientras los escitas nunca permanecían demasiado tiempo en un mismo lugar, los persas sí lo hacían, y los escitas lo aprovechaban en su beneficio. Sin embargo, tras perseguirlos hasta el territorio que hoy pertenece a Rusia, Ucrania y los países balcánicos, los persas perjudicaron enormemente los suministros escitas. Tras utilizar los grandes ríos de la región para suministrar refuerzos adicionales a su ejército, los persas también separaron a los escitas de sus aliados.

En lugar de seguir avanzando, Darío consolidó su botín y construyó una sólida línea defensiva. Además, en un movimiento de genialidad táctica, no atacó por el frente por una buena razón. La parte de Escitia más alejada de la línea directa de conflicto entre las dos tropas era mucho más próspera. También constaba de asentamientos permanentes, por lo que conquistarla primero para obtener más recursos y una ventaja táctica tenía sentido. Trasladando su flota de 720.000 hombres, reforzada por la armada persa alrededor del Mar Negro y hacia el lado europeo de Eurasia, Darío se preparó para atacar a los escitas por la retaguardia. El viaje implicaba cruzar varios ríos, por lo que Darío empleó a ingenieros griegos para construir puentes. Según Heródoto, la capacidad de Darío para desplazar esta enorme flota dice mucho tanto de la precisa organización como de la inmensa cantidad de recursos del Imperio persa durante el gobierno de Darío. El increíblemente eficiente sistema postal de los antiguos persas desempeñó un papel fundamental para que esto fuera posible.

Los persas establecieron bases en varias ciudades griegas, obligando a los escitas a retirarse de ellas. Desde estas bases, el ejército de Darío se desplegó por tierras escitas, avanzando hacia el norte, hacia la ciudad de Gelonnos y el río Don, en el lado sur. Aunque ahora respetaban el poder de las fuerzas persas, los escitas continuaron con su política de tierra quemada, intentando destruir todo lo que encontraban a su paso y sin dejar nada a los persas. Los escitas enviaron lejos a todos los que no podían luchar, junto con el ganado del que su ejército podía prescindir.

En ese momento, los persas ya habían construido su línea fortificada en el norte y arrinconado a los escitas en una tierra estéril que no podía sostenerlos. Darío construyó allí otra línea para impedirles escapar hacia el sur. En una maniobra increíble, los escitas lograron escapar por el lado norte, obligando a Darío a perseguirlos hacia el norte, y luego regresaron dando un rodeo a su tierra natal. Aunque su plan de matar de hambre a los escitas había fracasado debido a su vasto conocimiento del territorio, Darío no se había dado por vencido. En cuanto los escitas aparecieron de nuevo en su tierra natal, ordenó a la flota persa que invirtiera su rumbo y marchara también de vuelta a Escitia. Al darse cuenta de que los persas planeaban avanzar hacia el norte para evitar que se refugiaran en la espesa zona boscosa y obligarles a entrar en el territorio donde quedarían atrapados entre las tropas persas y la tierra persa, los escitas huyeron hacia el mar Báltico. Los persas los persiguieron hasta allí, pero regresaron a sus bases cerca del territorio escita original. Pronto, los escitas volvieron a dar la vuelta y regresaron a su tierra por segunda vez. El ejército de Darío estaba agotado de tanto perseguirlos y desplazarse, lo que animó a los escitas. Por primera vez desde el comienzo de la campaña, lanzaron una ofensiva. Desgraciadamente, en lugar de atacar con toda su fuerza, los escitas sólo enviaron unas pocas tropas para ejecutar el ataque desde el frente, mientras que el resto se encargó de hostigar a las tropas enemigas desde el otro lado y de intentar persuadir a los aliados griegos de los persas (incluidos los ingenieros que construían sus puentes) para que los traicionaran. Sin embargo, los griegos se negaron a ceder y, aunque al principio fingieron esperar hasta ver cómo se desarrollaba la situación (principalmente para dar largas y evitar la confrontación directa con los escitas), nunca traicionaron a los persas. Aun así, al acercarse a los puentes custodiados por los griegos, los escitas presionaron aún más a las tropas de Darío, ya de por sí debilitadas. Afortunadamente, el rey les ordenó retirarse, tras lo cual los griegos desmantelaron los puentes en lugares estratégicos, lo que obligó a los escitas a regresar a la tierra que ellos mismos habían destruido previamente.

Después de tres años de persecución, la campaña escita llegó a su fin cuando Darío se dio cuenta de que no podría enfrentarse a los escitas en batalla ni obtener ganancias territoriales. Por lo tanto, decidió marchar de vuelta a los territorios persas previamente asegurados.

La batalla de Maratón

Aunque los griegos no se enfrentaron a los persas ni durante ni después de la persecución escita, tampoco estaban satisfechos con el resultado. Su descontento con el dominio persa en la región iba en aumento, y Darío tampoco estaba contento con ello. Los griegos apoyaron abiertamente algunas de las revueltas contra los persas en Iona, causando grandes dolores de cabeza al Imperio persa. Al mismo tiempo, Darío quería más poder en Europa, y ahora que su plan para apoderarse de Escitia había fracasado, se vio obligado a reajustarse. Su nuevo plan consistía en acercarse a la capital griega, conquistarla y establecer su dominio tanto en Europa como en Asia. Esta estrategia condujo a la batalla de Maratón en el 490 a. C., que tuvo lugar en el noreste del Ática y marcó el inicio de la guerra greco-persa.

Aunque hay pocos registros del acontecimiento, Heródoto escribió un extenso relato de la batalla medio siglo después, por lo que algunos consideran su exactitud muy cuestionable. Robert Browning también creó una interpretación de la batalla, aunque su único objetivo era destacar la huida de los mensajeros desde el campo de batalla hasta Atenas.

Como el ejército persa avanzaba rápidamente, los griegos se vieron obligados a reunir sus tropas a toda prisa. Estos hombres estaban dirigidos por el general ateniense Milcíades, un excelente estratega y uno de los líderes militares más consumados de Grecia. Los dos ejércitos se encontraron al norte de Atenas, en la llanura de Maratón, en septiembre del 490 a. C. Pronto tuvo lugar la primera batalla en tierra firme. Al parecer, los persas contaban con menos de 30.000 hombres y estaban dirigidos por Artafernes, Datis e Hipias. Por el contrario, los atenienses contaban con menos de 10.000 hombres, la mayoría de ellos rebeldes que siempre estaban dispuestos y disponibles para luchar contra los persas. Los únicos aliados griegos que se les unieron fueron los platenses. El resto permaneció neutral mientras esperaba en secreto la victoria persa, ya que esto extinguiría la democracia que los griegos insistían en cultivar.

Los persas habían enviado a la caballería por delante durante la noche y, en cuanto salió el sol, estaban listos para enviar también a la infantería. Al enterarse de que la caballería persa estaba en camino,

Milcíades vio que era el mejor momento para atacar.

A pesar de la preparación de última hora y la falta de apoyo de las naciones vecinas, Milcíades fue capaz de asestar un rápido golpe al centro del ejército de Darío. Esto se consiguió gracias a un movimiento estratégico de expansión hacia el exterior desde el centro de la flota griega mientras se reforzaban las alas. Aun así, el centro estaba formado por soldados de infantería fuertemente armados y experimentados que podían resistir un ataque a pequeña escala. Las alas tenían la misión de abrirse paso entre la infantería persa, que, aunque más numerosa, contaba con menos armas. Aunque el centro del ejército griego resultó algo dañado, aguantó lo suficiente para cumplir su propósito y permitir a las demás tropas abrirse paso y situarse detrás del ejército invasor.

Esto sorprendió a los persas, ya que su enemigo estaba claramente en inferioridad numérica, y consideraron el ataque como una victoria dada. Aunque sabían que tras la retirada de la caballería, sus flancos quedarían expuestos a un ataque griego, pensaron que si esto ocurría, o bien ganarían el combate o, en el peor de los casos, simplemente embarcarían de nuevo a su infantería en los navíos y zarparían antes de que el ejército de Milcíades llegara al borde de las llanuras. Alinearon sus naves de forma que permitieran una rápida retirada, y calcularon que la formación griega tardaría al menos 15 minutos en avanzar hasta la distancia de ataque. Por desgracia, sus cálculos fueron erróneos y el enemigo los alcanzó mucho antes. Aunque lograron embarcar a algunos de los hombres, sólo fue después de verse obligados a entablar combate con los atenienses que corrían maníacamente hacia ellos.

Confundidos, los persas entraron en pánico y, con su organización perdida, también lo estuvo la batalla. Ni siquiera los inmortales persas, el grupo de soldados altamente entrenados cuyos flancos se reunieron durante el reinado de Ciro el grande (el segundo rey del Imperio Persa), pudieron resistir el ataque sorpresa. Entrenados desde los 20 años y nunca mayores de 50, los Inmortales iban armados con un pequeño arsenal, que incluía lanzas, espadas, hondas con balines o piedras, mazas, hachas de batalla, jabalinas, dos arcos, junto con arcos compuestos, y un carcaj con 30 flechas. Aun así, fueron derrotados porque subestimaron a su enemigo. Además, estaban atrapados en la costa y no tenían adónde retirarse.

Al final, el genial movimiento táctico de Milcíades dio la victoria a los griegos en la batalla de Maratón. Según los relatos, el ejército griego estaba tan encantado con su capacidad para derrotar a los persas que inmediatamente envió un mensajero a Atenas para dar la noticia. El mensajero corrió 25 millas desde la llanura de Maratón, un viaje que acabó dando lugar a la creación del deporte moderno del maratón.

Años más tarde, los griegos sobrevivieron a otra invasión de los persas en la batalla de las Termópilas (esta vez, dirigida por Jerjes I, hijo de Darío) y resistieron durante varios días antes de que el rey Leónidas de Esparta se viera obligado a rendirse. Sin embargo, la magnífica victoria de los griegos en la batalla de Maratón cimentaría su fama y los inscribiría en la historia. Los vencedores fueron apodados los «hombres de Maratón» y celebrados públicamente, y los muertos (sólo se perdieron 192 vidas entre atenienses y platenses, mientras que los persas perdieron más de 600 hombres) fueron enterrados en magníficos túmulos en la llanura del campo de batalla. Además, se les honró con murales panorámicos y epigramas, compuestos poco después.

El palacio de Persépolis: del paraíso a la destrucción

El palacio de Persépolis fue el punto central de esta majestuosa ciudad construida por Jerjes I, hijo y sucesor del rey Darío I de Persia. Aunque el propio Darío hizo planes para construir Persépolis como nueva capital persa, la mayor parte de las obras (incluida la construcción del palacio) se realizaron en vida de Jerjes. El hijo de Jerjes, Artajerjes I, terminó las obras un siglo después de que su abuelo las iniciara. El palacio estaba precedido por el Salón de las cien columnas, donde el rey recibía a invitados y jefes militares. Oficialmente conocido como Palacio de los reyes y las reinas, la residencia tenía habitaciones separadas para el rey y la reina, y los familiares del rey y las damas de compañía estaban asignados a cada miembro femenino de la casa. El palacio también contaba con una enorme tesorería de 108.000 metros cuadrados, donde se registraban las transacciones financieras (incluidas las horas trabajadas por todos en el palacio y sus salarios) en tablillas de arcilla y piedra. Los registros conservados muestran que ambos sexos recibían el mismo salario por idéntico trabajo, y todos los que trabajaban en el palacio disfrutaban de una vida cómoda gracias a sus justos salarios.

El palacio de Persépolis era un punto central de la majestuosa ciudad construida por Jerjes I

La construcción del palacio de Persépolis incluía columnas de madera (la teca india y el cedro libanés estaban de moda en la época), que se asentaban y remataban con elementos de piedra. Estos últimos fueron construidos por canteros de Sardes y Jonia, mientras que algunas de las decoraciones fueron esculpidas por Télefanos de Fócida. Los remates se denominaban capiteles y se asemejaban a cabezas de toro que sostenían las enormes vigas transversales de madera colocadas a lo largo de la «silla de montar» entre ellos. Las vigas transversales se colocaban con otras dos vigas de madera como soporte y se reforzaban con una capa de tierra mate y gruesa. Además de cubrir y reforzar las vigas, la capa de tierra también ayudaba a formar un techo adecuado para protegerse de los elementos. Sin embargo, el techo también estaba acabado con una capa de pintura brillante y luminosa para hacerlo más atractivo.

Desgraciadamente, del mismo modo que llamó la atención de los numerosos visitantes y aliados, la ciudad de Persépolis, junto con su hermoso palacio, también atrajo la atención de Alejandro Magno de Macedonia, que se propuso destruirla. Según el relato de Diodoro Sículo, en un principio Alejandro sólo ordenó a sus tropas que demolieran la ciudad de «sus peores enemigos», pero que mantuvieran intacto el palacio.

Dado que Persépolis era considerada un auténtico paraíso, los macedonios se apresuraron a saquear y robar esta rica ciudad, matando a los hombres y llevándose sus tesoros, y las mujeres se convirtieron en esclavas. Encontraron plata, oro y exquisitos vestidos de colores confeccionados con materiales caros, junto con muchas otras riquezas procedentes de todo el mundo. Tan grande fue la prosperidad de Persépolis como su destrucción. Aun así, como muchos premios que ya habían ganado, el palacio real quedó intacto, pero no por mucho tiempo, porque los macedonios no pudieron saciar su codicia.

El propio Alejandro tomó posesión del palacio, incluido el tesoro. Allí encontró riquezas acumuladas desde la fundación del reino persa, amasadas por el primer rey, Ciro. Pensando que la nueva recompensa podría compensar todos los gastos en los que había incurrido durante la guerra, Alejandro decidió llevarse todo lo que pudiera. Según los registros, contrató entre 3.000 y 5.000 camellos y 20.000 mulas para transportar el tesoro persa a diferentes destinos: algunos a Susa, otros para distribuirlos entre sus tropas.

Alejandro celebró su gran victoria sobre Persépolis organizando juegos y ofreciendo sacrificios a las deidades que consideraba sus aliadas en las batallas. Durante una celebración en honor del dios Dioniso, mientras Alejandro festejaba con sus amigos y compañeros, una de sus invitadas proclamó que la victoria de Alejandro no estaría completa sin destruir el mayor orgullo de los persas: el palacio real de Persépolis. Propuso que las mujeres macedonias, acompañadas por el propio Alejandro, formaran una procesión y prendieran fuego al palacio. En su estupor de borrachos, los hombres se entusiasmaron con la idea y aceptaron inmediatamente el reto, encendiendo antorchas y gritando su intención de castigar por fin a los persas por todo el daño que hicieron a las ciudades religiosas griegas durante las conquistas. Sin embargo, algunos consideran que fue Alejandro quien prendió fuego al palacio, animándolo a todos a unirse mientras formaban la procesión que les conduciría al palacio. Alejandro tomó una de las numerosas antorchas encendidas y comenzó a dirigir a los macedonios, que le acompañaban cantando y tocando alegres canciones con flautas y gaitas. Fue el primero en arrojar su antorcha encendida sobre uno de los elementos de madera del palacio, tras lo cual los hombres y mujeres de la comitiva siguieron su ejemplo. Rodeado de antorchas encendidas, todo el monumento fue pronto pasto de las llamas, los triunfos de Alejandro se consumaron y uno de los palacios reales más grandiosos del mundo antiguo dejó de existir.

La historia de la campaña bélica del rey Darío contra los escitas es un excelente ejemplo de cómo el ego de un hombre puede llevarle a exhibir su poder en actos disparatados, como enviar a un ejército a perseguir al enemigo en territorio desconocido.

Asimismo, en la tercera historia, a pesar de su determinación inicial de capturar y conservar para sí el palacio de Persépolis, Alejandro Magno fue persuadido de destruirlo en un intento de demostrar su poderío.

La historia de la batalla de Maratón es simplemente un caso de un desconcertante error de cálculo que tuvo grandes costes para los persas.

Preguntas al final del capítulo

1. ¿Qué tácticas empleadas por los escitas durante la campaña del rey Darío hicieron ineficaz la formidable maquinaria militar persa?

2. En el contexto de la batalla de Maratón, ¿cómo fracasó la estrategia militar persa, a menudo considerada invencible, frente a los atenienses?

3. ¿Cómo se convirtieron la grandeza arquitectónica y la importancia cultural de Persépolis en un punto vulnerable durante el ataque de Alejandro Magno?

Curiosidades

- El sistema postal persa, famoso por los comentarios de Heródoto, era el epítome de la eficiencia. Su antiguo dicho era: «Ni la nieve, ni la lluvia, ni el calor, ni las tinieblas de la noche impiden a estos mensajeros completar con rapidez las rondas que se les han encomendado», una idea que más tarde adoptó el servicio postal de Estados Unidos.

- El nombre de los Inmortales persas, una fuerza de combate de élite, tiene su origen en la práctica que permitía que, si algún miembro moría o resultaba herido, fuera inmediatamente reemplazado, lo que garantizaba que su flota contara exactamente con 10.000 efectivos en todo momento.

- El Imperio persa inició el concepto de «paraíso» como jardín cerrado. El término «paraíso» procede del persa antiguo «pairidaeza», que significa «espacio cerrado».

Conclusión

Cuando las civilizaciones poderosas surgen y caen, las lecciones que dejan a la sociedad y la forma en que reestructuran el mundo repercuten en la vida de las personas durante siglos. Desde las actitudes expansionistas imperiales que agotan los recursos de los imperios hasta la mala gestión de los recursos y la incomprensión de la naturaleza, la curiosidad humana eleva a la sociedad, pero también la hace caer. Las limitaciones de la mente humana y las verdades por descubrir de la existencia llevan a las personas a tomar decisiones sin comprender plenamente la realidad.

Las personas están predispuestas a buscar el progreso constante para reunir más recursos, hacer la vida más cómoda y aumentar su bienestar general. El progreso exige adentrarse en lo desconocido, así que cuando las mentes revolucionarias impulsan el cambio, siempre existe la posibilidad de fracasar. Además, el afán de hacer la vida más agradable a través de las dificultades hace que la gente se aferre a las nuevas tecnologías sin comprender plenamente los resultados. La humanidad parece estar atrapada en un ciclo similar, incluso en el mundo contemporáneo. Las personas son imperfectas, por lo que sus acciones encarnarán sus defectos, prejuicios y programación cultural.

Como el mundo está cada vez más interconectado y la globalización está a la orden del día, las decisiones precipitadas que tomen unos pocos grupos de élite y las prácticas sociales de mayor envergadura que adopten las masas tendrán un impacto mucho mayor que en civilizaciones pasadas. Si a esto le sumamos el rápido desarrollo de una tecnología que la mayoría de la gente apenas comprende, parece que la humanidad se encamina por la vía rápida hacia otros grandes errores y meteduras de pata de proporciones épicas.

Sin embargo, el pasado ha demostrado que los humanos son resistentes. Los constantes fracasos en cada paso del desarrollo humano contribuyeron a crear un pozo de conocimientos que permitió a otros superar obstáculos que en su día destruyeron culturas enteras. En este ciclo de fracaso y crecimiento, es casi imposible saber en qué posición nos encontramos. El camino hacia la prosperidad y la destrucción puede ser indistinguible a veces, y sólo se vuelve claro cuando se está cerca del final del viaje.

La historia del fracaso humano no se contará completa mientras siga habiendo gente en el planeta. Quizá con la exploración espacial se permita a la gente fracasar **hacia lo alto** en otros mundos. Cuando los individuos miran al pasado y analizan los fracasos épicos, la sociedad puede ver cómo ha crecido y, decepcionantemente, cómo ha permanecido igual. El proyecto de hacer la vida mejor para todos al tiempo que se actualiza la identidad propia sigue en marcha, y nadie sabe cómo acabará. Lo bonito de todo esto es que, aunque el viaje puede ser estupendo o terrible, no cabe duda de que no será aburrido.

Mira otro libro de la serie

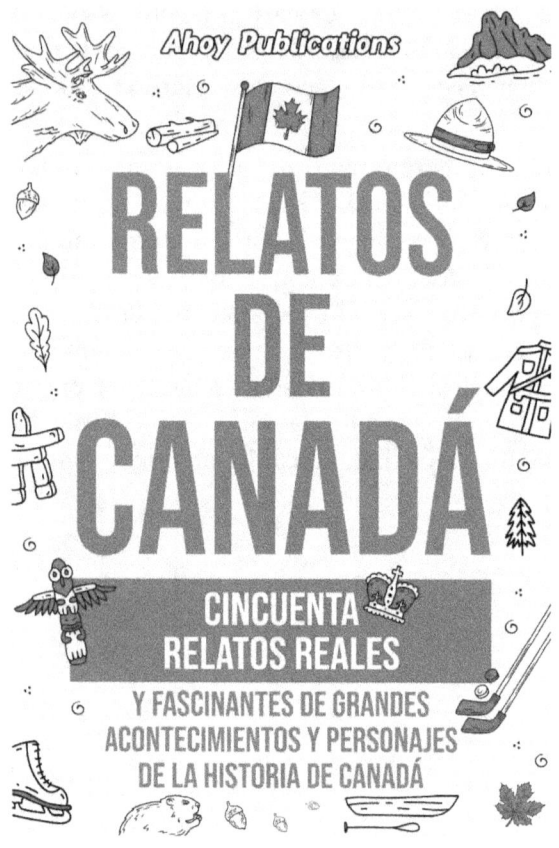

Referencias

24 datos sobre el Coliseo. (2021). El Coliseo.
https://www.thecolosseum.org/facts/

Alatalo, E. (2015, 30 de noviembre). 4500-Year-Old Urban Planning at Mohenjo-daro. Field Study of the World.
https://www.fieldstudyoftheworld.com/4500-year-old-urban-planning-at-mohenjo-daro/

Anand. (2015, 13 de enero). El Imperio de Harshavardhan: Fuentes, adhesión y otros detalles. History Discussion.
https://www.historydiscussion.net/biography/harshavardhans-empire-sources-accession-and-other-details/3084

Barrett, A. (2020). Roma arde: Nerón y el incendio que acabó con una dinastía. Princeton University Press.

BBC News. (2017, 25 de diciembre). Cómo el primer emperador de China buscó el elixir de la vida. BBC News. https://www.bbc.com/news/world-asia-china-42477083

Boey, J. (2022, 4 de noviembre). El coste humano de la Gran Muralla china. Dr. Justin Boey. https://justinboey.com/the-human-cost-of-the-great-wall-of-china/#google_vignette

Bordewich, F. M. (2006, septiembre). The Ambush That Changed History (La emboscada que cambió la historia). Smithsonian Magazine; Smithsonian.com. https://www.smithsonianmag.com/history/the-ambush-that-changed-history-72636736/

Bressan, D. (2019, 30 de octubre). El cambio climático provocó el colapso del primer imperio del mundo. Forbes.

https://www.forbes.com/sites/davidbressan/2019/10/30/climate-change-caused-the-worlds-first-empire-to-collapse/?sh=750d912044e1

Brinkhof, T. (2023, 26 de septiembre). Heróstrato: El hombre que destruyó una antigua maravilla del mundo. Big Think. https://bigthink.com/the-past/temple-artemis-Heróstrato-destroyed-ancient-world-wonder/

Callaway, E. (2024). El descubrimiento del Homo Floresiensis: Cuentos del Hobbit. Nature, 514(7523), 422-426. https://doi.org/10.1038/514422a

Carrillo, K. J. (2021, 20 de mayo). Cómo Hernán Cortés conquistó el Imperio azteca. HISTORY; History.com. https://www.history.com/news/hernan-cortes-conquered-aztec-empire

Cavendish, R. (2015, 9 de septiembre). Descubrimiento de las pinturas rupestres de Lascaux. History Today. https://www.historytoday.com/archive/months-past/discovery-lascaux-cave-paintings

Chugani, G. (2016, 14 de marzo). Harsha. Enciclopedia de Historia Mundial. https://www.worldhistory.org/Harsha/

Cookson, E., Hill, D. J., & Lawrence, D. (2019). Impactos del cambio climático a largo plazo durante el colapso del Imperio acadio. Journal of Archaeological Science, 106(0305-4403), 1-9. https://doi.org/10.1016/j.jas.2019.03.009

Dabholkar, V. (2014, 4 de enero). Matar una idea: Lecciones de la destrucción de la Universidad de Nalanda. Catalign Innovation Consulting. https://www.catalign.in/2014/01/killing-idea-lessons-from-destruction.html

Decadencia de la civilización del valle del río Indo (c. 3300-1300 a. C.). (sin fecha). Climate in Arts and History. https://www.science.smith.edu/climatelit/decline-of-the-indus-river-valley-civilization-c-3300-1300-bce/

DHWTY. (2021, 3 de febrero). Recordando a Harsha: El olvidado gobernante Vardhana Ruler de India. Orígenes. https://www.ancient-origins.net/history-famous-people/harsha-0014882

Duffy, J. (2022, 2 de julio). Guía completa de dioses y diosas nórdicos. Panorama Glass Lodge. https://panoramaglasslodge.com/a-complete-guide-to-norse-gods-goddesses/

Eames, C. (2018, 11 de noviembre). La «Torre de Babel» de Nabucodonosor. Instituto Armstrong de Arqueología Bíblica. https://armstronginstitute.org/125-nebuchadnezzars-tower-of-babel

Eduljee, K. E. (s.f.). Persépolis. Herencia del zoroastrismo. https://www.heritageinstitute.com/zoroastrianism/persepolis/destruction.htm

Fox, A. (2020, 2 de julio). ¿Por qué abandonaron los mayas la antigua ciudad de Tikal? Smithsonian Magazine. https://www.smithsonianmag.com/smart-news/maya-abandoned-city-tikal-researchers-may-now-know-why-180975242/

Fox, I. (2020, 21 de junio). ¿La maldición del faraón? - La historia de las trompetas de Tutankamón... 4barsrest. https://www.4barsrest.com/articles/2020/1881.asp

Friðriksdóttir, J. K. (2022, 25 de febrero). Cristianos y paganos en la sociedad nórdica: The Real Religious Rifts between Vikings. History Extra. https://www.historyextra.com/period/viking/viking-christianity-christians-pagans-norse-society-religious-conflict/

Gannon, M. (2017, 27 de diciembre). El primer emperador de China ordenó la búsqueda oficial de un elixir de la inmortalidad. Live Science. https://www.livescience.com/61286-first-chinese-emperor-sought-immortality.html

Groeneveld, E. (2018, 12 de noviembre). Ivar el deshuesado. Enciclopedia de Historia Mundial. https://www.worldhistory.org/Ivar_the_Boneless/

Harsha - Hechos sobre el rey Harshavardhana [Notas NCERT sobre historia antigua de la India para UPSC]. (s.f.). BYJU'S Exam Prep. https://byjus.com/free-ias-prep/ncert-notes-king-harshavardhana/

Pirámide de Dahshur. ThoughtCo. https://www.thoughtco.com/bent-pyramid-of-dahshur-170220

Hirst, K. K. (2019, 6 de octubre). Biografía de Ivar el Deshuesado, hijo de Ragnar Lodbrok. ThoughtCo. https://www.thoughtco.com/ivar-the-boneless-4771437

Historia y renacimiento. (2019). Universidad de Nalanda. https://nalandauniv.edu.in/about-nalanda/history-and-revival/

Habilidades para la historia. (s.f.-a). 13 de los datos más extraños sobre el rey Tutankamón. History Skills. https://www.historyskills.com/classroom/year-7/weird-facts-about-king-tut/

Editores de History.com. (2009a, 9 de noviembre). Nero. HISTORIA. https://www.history.com/topics/ancient-rome/nero

History.com Editores. (2009b, 24 de noviembre). Se Descubren pinturas rupestres de Lascaux. HISTORIA. https://www.history.com/this-day-in-history/lascaux-cave-paintings-discovered

Editores de History.com. (2023, 13 de julio). Batalla de Maratón. HISTORIA. https://www.history.com/topics/ancient-greece/battle-of-marathon

Ivar Ragnarsson. (2023, 22 de octubre). Herencia vikinga. https://www.vikingheritage.net/blogs/viking/ivar-ragnarsson

Kumar, R. (2017, 11 de septiembre). Nalanda: 9 millones de libros quemados en 1193 por Bakhtiyar Khilji. My India My Glory. https://www.myindiamyglory.com/2017/09/11/nalanda-9-million-books-burnt/

Lal, A. (2019, 5 de junio). Dinastía de los Pushyabhuti. Enciclopedia de la historia mundial. https://www.worldhistory.org/Pushyabhuti_Dynasty/

Mark, J. J. (2019, 26 de noviembre). Los Inmortales persas. Enciclopedia de Historia Mundial. https://www.worldhistory.org/Persian_Immortals/

Milligan, M. (2020, 3 de junio). Mohenjo-Daro - Montículo de los hombres muertos. Heritage Daily. https://www.heritagedaily.com/2020/06/mohenjo-daro-mound-of-the-dead-men/129711

Ms Elly. (2019, 9 de marzo). Qué vikingo fundó América primero, ¿Leif Eríksson o Bjarni Herjólfsson? BaVi. https://bavipower.com/blogs/bavipower-viking-blog/which-viking-found-america-first

Muench, S. (2013, 16 de septiembre). Coliseo. Engineering Rome. https://engineeringrome.org/colosseum/

Mukherjee, S. (2023, 23 de febrero). Nalanda: La Universidad que cambió el mundo. BBC. https://www.bbc.com/travel/article/20230222-nalanda-the-university-that-changed-the-world

La Universidad de Nalanda durante el reinado de Harsha. (sin fecha). India Netzone. https://www.indianetzone.com/25/nalanda_during_harsha_s_reign.htm

Museo nacional de Dinamarca. (2019). El cristianismo llega a Dinamarca. Museo Nacional de Dinamarca. https://en.natmus.dk/historical-knowledge/denmark/prehistoric-period-until-1050-ad/the-viking-age/religion-magic-death-and-rituals/christianity-comes-to-denmark/

Oliver, M. (2022, 20 de agosto). Cómo Ivar el Deshuesado se convirtió en uno de los vikingos más temidos de la Historia (J. Kuroski, Ed.). Todo lo que es interesante. https://allthatsinteresting.com/ivar-the-boneless

Pillalamarri, A. (2016, 2 de junio). Revealed: La verdad tras el «colapso» de la civilización del valle del Indo. The Diplomat. https://thediplomat.com/2016/06/revealed-the-truth-behind-the-indus-valley-civilizations-collapse/

Rongmei, P. (2023, 8 de marzo). Todo lo que debe saber sobre la Universidad de Nalanda, un notable centro de enseñanza. Times Travel. https://timesofindia.indiatimes.com/travel/destinations/all-you-need-to-know-about-nalanda-university-a-remarkable-centre-of-learning/articleshow/98495100.cms

Rybachuk, M. (2023, 14 de agosto). Esquilo, el padre de la tragedia griega que encontró una muerte absurda. Greek Reporter. https://greekreporter.com/2023/08/14/aeschylus-greek-tragedy-death/

Salem, C. (2023, 26 de febrero). Borsippa: Exploración de la magnífica ciudad del antiguo zigurat babilónico. Nineveh Rising. https://www.ninevehrising.org/post/borsippa-exploring-the-magnificent-city-of-the-ancient-babylonian-ziggurat

Scharping, N. (2020, 7 de noviembre). ¿Realmente la Gran Muralla china mantuvo alejados a los invasores? Discover. https://www.discovermagazine.com/uncategorized/did-the-great-wall-of-china-actually-keep-invaders-out

Schuman, M. (2019, 20 de enero). Opinión: China también construyó una gran y hermosa muralla. Por qué fracasó. The Morning Call. https://www.mcall.com/2019/01/20/opinion-china-built-a-big-beautiful-wall-too-why-it-failed/

Siete de los dioses y diosas más importantes de la mitología nórdica. (s.f.). HISTORIA DEL CIELO. https://www.history.co.uk/articles/seven-of-the-most-important-gods-and-goddesses-in-norse-mythology

Expedición a Sicilia. (2005). Livius.org. https://www.livius.org/articles/concept/peloponnesian-war/sicilian-expedition/

Taronas, L. (s.f.). Nefertiti: Esposa, madre, reina e icono egipcio. ARCE. https://arce.org/resource/nefertiti-egyptian-wife-mother-queen-and-icon/

Los dioses de la antigua religión nórdica. (2019). Museo Nacional de Dinamarca. https://en.natmus.dk/historical-knowledge/denmark/prehistoric-period-until-1050-ad/the-viking-age/religion-magic-death-and-rituals/the-viking-gods/

La Gran Muralla china. (s.f.). https://web.cortland.edu/wangh/project1/wall.htm

Las *Sagas de Vinlandia*: Los hombres que descubrieron América antes que Colón. (2017, 17 de noviembre). Literatura de interés. https://interestingliterature.com/2017/11/the-vinland-sagas-the-men-who-discovered-america-before-columbus/

Venegas, R. (s.f.). Las guerras entre Calakmul y Tikal. México Histórico. https://historicalmx.org/items/show/81

Vikingos: De paganos a cristianos; ¿cómo sucedió? (2018, 29 de mayo). Historia en la Red. https://www.historyonthenet.com/vikings-from-pagans-to-christians

¿Por qué los vikingos abandonaron Norteamérica? (2021, 9 de abril). History in Charts. https://historyincharts.com/the-history-of-the-vikings-in-the-americas/

Wilkinson, T. (2022, 8 de diciembre). Las trompetas del faraón (P. Weintraub, Ed.). Aeon. https://aeon.co/essays/what-king-tuts-treasures-reveal-about-daily-life-in-ancient-egypt

Wilson, M. (2013, 24 de julio). La destrucción de un templo. Sociedad de Arqueología Bíblica. https://www.biblicalarchaeology.org/daily/biblical-sites-places/biblical-archaeology-sites/destroying-a-temple

Winston, A. (s.f.). La pirámide de Snefru (Pirámide Acodada) en Dahshur. Tour Egypt. https://www.touregypt.net/featurestories/snefrubentp.htm

Zhu, M. (2019). El Gran Canal. Environmental China. https://environmentalchina.history.lmu.build/group-page-theme-2-water-control/the-grand-canal/